Cómo influir contando historias

Ariel Ortuño

Cómo influir contando historias

8 Técnicas Brutales para Entrar en la Mente de las Personas

Cómo influir contando historias

8 técnicas brutales para entrar en la mente de las personas

ISBN: 9798654444257

Certificado de Propiedad Intelectual: 2009255440317

Edición: Autores Implacables

Corrección de estilo: Mauricio Rumualdo

Diseño de portada: Aranza Villalobos

Diseño editorial interior: Sony Ramos

www.autoresimplacables.com

www.escribeypublicatulibro.com

Para mis Amantes de la Persuasión,
mi tribu; con todo el amor
que puede haber en mi corazón.

ÍNDICE

PARTE 1

PARTE 2

PARTE 3

INTRODUCCIÓN

A pesar de que te será muy fácil aprender cómo influir a las personas mediante las historias, quiero que sepas que no fue tan sencillo extraer esa estrategia de mi mente. Cuando estudié Programación Neurolingüística, comprendí cómo funcionaban las historias en la mente de la gente y cómo usarlas. Con el tiempo desarrollé la habilidad de extraer la estructura de pensamiento para ponerle una historia y así influir a las personas.

Durante un tiempo no sabía cómo explicar claramente lo que hacía dentro de mi cabeza. Cuando lo pensaba, para mí era muy fácil de comprender, pero al ver la cara de mis estudiantes al momento de explicarlo, me daba la impresión de que no les parecía tan sencillo.

A través de varias sesiones de prueba y error, finalmente, encontré la manera en que podía explicar el tema de un modo sencillo. Incluso es posible que tú, querido lector y Amante de la Persuasión, te quedes con la idea de que es tan sencillo que no comprendas por qué digo que fue un reto encontrar una mejor forma de trasmitirlo. Si es así, esa es mi intención.

Decidí escribir este libro porque noté que había otros libros en el mercado que te explicaban cómo contar historias, lo cual es bueno; sin embargo, explicaban para qué tenías que contar historias. Me refiero a que no se trata nada más de saber contar historias, sino de que estas historias tengan un propósito, de crear un estímulo dentro de la mente de la gente para que ocurra algo que tú deseas que suceda.

Mi intención no es saturar este libro de historias, sino darte herramientas para que puedas crear esas historias. Este libro no es una novela, es un libro de no ficción que sirve para que desarrolles tus habilidades de persuasión a través de contar historias. Es momento de comenzar.

PARTE 1

CÓMO APROVECHAR ESTE LIBRO

"No solo es lo que dices, sino todo lo que queda implícito cuando lo dices"

Querido Amante de la Persuasión, te doy las gracias por leer uno más de mis libros. Mi interés se encuentra en tu aprendizaje. En que sepas cómo usar las historias para influir a las personas. Este no será un libro lleno de historias pretendiendo hacer una demostración, no. Es un libro en el que te enseñaré la estructura y las técnicas necesarias para crear historias que influyan a las personas.

El reto para mí es hacer de este libro un manual de conversación lo más sencillo posible. Si ya has leído alguno de mis libros, sabrás que me gusta ir a lo práctico. Procuro no perderme en datos innecesarios. Por ello, he dividido este libro en 3 partes.

En la primera parte te daré las bases para que sea más fácil para ti construir tus historias, que implementes cada una de las 8 técnicas de la mejor manera. Por ello, es importante que leas toda esta sección.

En la segunda parte te explicaré cada una de las técnicas. Te daré ejemplos de cómo usarlas. Descubrirás que es más fácil de lo que puedes imaginar.

En la tercera parte te daré algunos temas complementarios de Hipnosis Conversacional, que podrás incluir en tus historias para crear un efecto mayor en la mente de las personas.

Por último, y antes de que comience tu aprendizaje, hay un par de cosas que debes tener presentes. Lo que te voy a enseñar no es magia. Requieres tiempo y práctica para obtener resultados. Habrá ocasiones en las que desde la primera práctica notes que ocurrió el resultado esperado, pero no siempre será así.

También es importante tener presente en tu mente las dos premisas de la Persuasión Empática, las cuales enseño en mi libro "Persuasión Empática: 26 sencillas técnicas de persuasión que puedes usar con todos", y que ahora te comparto:

1. Todos podemos ser persuadidos, pero no por todos ni todo el tiempo.

2. El único modo de persuadir a alguien durante mucho tiempo, es siendo honesto, auténtico y carismático.

Ahora sí, emociónate lo necesario para comenzar con este agradable viaje de aprendizaje.

¿POR QUÉ FUNCIONA?

"El lenguaje de la mente inconsciente son las metáforas e historias"

Hace algunos años, mientras estaba dictando una Certificación de Programación Neurolingüística, se me vino a la mente hacer un ejercicio a través de metáforas. Así que le pedí a los participantes que pensarán en la película o el cuento infantil que les gustaba más. De hecho, querido Amante de la Persuasión, te invito a que recuerdes cuál es tu película infantil favorita. ¿Ya la tienes?

Ahora quiero que reflexiones por qué te gustó más esa historia. De alguna manera te identificaste con algún personaje. Por lo general, suele ser con los protagonistas. Otras veces puede ser "la causa" lo que conecta contigo; quizá no te identificas por completo con algún personaje, pero sí con el objetivo de la lucha.

Una de las razones por las que ocurre lo anterior, es por las neuronas espejo. A través de un proceso de empatía y sobrevivencia, tu cerebro tiende a reproducir de manera interna lo que ves en el exterior. Si observas a muchas personas corriendo con una expresión de temor, tu cerebro asume que hay un peligro; así, te da tres alternativas de sobrevivencia ante el peligro: pelear, huir o quedarte inmóvil. Si todos corren, ¿cuál crees que sería la acción que seleccionará tu mente? Huir, al menos en la mayoría de los casos.

A mucha gente le gusta ver videos de risa donde otras personas se golpean o se caen de manera chusca. No falta un vídeo en el que un caballero se golpea con fuerza entre las piernas. La mayoría de los hombres que ven esa situación, suelen contraer los músculos pélvicos. ¿Lo has vivido? Quizá solo de leerlo sientes una ligera tensión en esa área. A través de las neuronas espejo compartes el dolor de la persona en el video.

Regresando a tu película infantil favorita. En una ocasión pedí lo mismo a un grupo de mujeres. Me contrataron para dar una charla sobre cómo mejorar su relación de pareja. A la mayoría de las damas les gustaba la historia de "La Bella y la Bestia". De entrada, podríamos decir que la imagen que tienen sobre su marido es de una bestia. Entre risas confirmaron esa situación. El drama y el terror llegan porque en la estructura de pensamiento, se trata de una historia donde una mujer busca a una bestia, que con la ayuda de ella, su sensibilidad y amor, lo convertirá en su príncipe azul. Es decir, de alguna manera, ellas habían aprendido que debían casarse con una bestia para ayudarle a convertirse en un hombre. El problema es que la bestia es bestia. No dejará de serlo por mucho amor que le den, al menos no solo por eso. No era de extrañar que hubiera más de una dama que estaba en su segundo matrimonio y su esposo, otra vez, era una bestia.

El objetivo de este libro no es enseñarte a dar terapia a través de metáforas, pero quiero que notes la manera en que tu mente toma elementos de las historias para vincularlos con tu propia vida. Este proceso es completamente inconsciente e inevitable. Por eso, es muy importante que no oigas ni veas contenido que no quieres ver ni escuchar.

Otro factor relevante es que la mente lógica y racional es la mente que consideramos "consciente". Dice Daniel Kahneman[1] que tenemos dos sistemas de pensamiento. El sistema de pensamiento 1, que es intuitivo y automático (mente inconsciente) y el sistema de pensamiento 2, que es racional y necesita de tu enfoque consciente (mente consciente). Piensa en la respuesta a la siguiente operación matemática:

$$2+2$$

Es posible que ya tengas el resultado en tu mente. No implicó mayor problema. Se trata de una operación muy básica. No fue necesario hacer ninguna cuenta. Tu sistema 1 aventó el resultado a tu mente sin que sepas cómo lo hizo. ¿Lo notaste?

Ahora piensa en la respuesta a la siguiente operación:

$$7 \times 97$$

Es posible que ni siquiera hayas querido hacer el esfuerzo para encontrar la respuesta. ¿Por qué? Porque el sistema 2 necesita más energía para operar. Tu cerebro tenderá a usar el sistema 1, la mente inconsciente, que tiene atajos (sesgos cognitivos) y necesita menos energía.

Con la información anterior, puedes comprender mejor por qué razón, para vender, es mejor presentar testimonios de éxito que números y razones lógicas. Los testimonios son más fáciles de asimilar y comprender para tu mente. Son filtrados con el sistema 1. Si tienes que analizar números, tendría que operar el sistema 2. Además, piensa que un testimonio es una historia donde el personaje principal tenía el mismo problema que tú tienes ahora. Él, ya lo resolvió. ¿Crees que tu mente encuentre suficientes similitudes en tu vida para hacer que te sientas identificado?

1 Kahneman D., (2011). *Thinking, fast and Slow*. Farrar, Straus and Giroux.

La conclusión es que las historias son el lenguaje de la mente inconsciente porque presentan una mínima dificultad para tu cerebro. Eso sí, solo mientras la historia no esté muy enredada, de lo contrario, tendrá que entrar el sistema 2. Ya no servirá para los fines de este libro.

HABLAR CON INTENCIÓN

"Hay gente que habla mucho, pero nunca dice nada"

Cuando abres la boca para hablar, ¿para qué lo haces? Es posible que estés pensando que lo haces para comunicarte, para expresarte, para decir lo que piensas, para decir lo que sientes, etc. Yo quiero saber, ¿específicamente para qué hablas cuando hablas? Comprendo que lo haces para todo lo anterior; pero, específicamente, en cada diálogo que tienes, ¿para qué hablas? A menudo, las personas no tienen claro qué es lo que quieren trasmitir a la otra persona. Las pocas veces que lo saben, no saben cómo expresarlo o se les olvida conforme avanza la conversación.

Además de escribir libros y, a través de mi sistema ayudar a otros autores a escribir sus libros, también dicto cursos y conferencias. Como tengo la capacidad de hablar durante mucho tiempo dentro de mis eventos, la gente cree que así vivo todos los días, hablando sin parar. La verdad sorprende a la mayoría. Cuando estoy abajo del escenario casi no hablo. ¿Las razones? Una es porque me gusta escuchar a la gente, conocer su vida, la manera en que piensan. A todos les permito hablar para aprender. La segunda razón es porque procuro hablar con una intención específica. Entonces:

¿Para qué hablas cuando hablas?

Con fines prácticos para este libro, vamos a decir que al hablar tendrás **la intención de instalar en la mente de la gente un recurso o de cambiar una creencia.** Con "instalar" me refiero a sembrar algo en la mente de la gente, de modo que ocurra una situación positiva para la persona. Esto incluso cuando ella no sea consciente de lo que hiciste. La idea es que nunca sean conscientes de lo que estás instalando. El recurso es ese "algo" que será sembrado dentro de la mente de la persona. Existen tres tipos de recursos: acciones, emociones y actitudes. Ahora, exploremos un poco más cada una.

1. **Acciones**

   Después de escucharte, ¿qué acción debería realizar la persona? No me refiero a que le des una orden directa como "lava los platos". ¡No! Se trata de que, a través de tus historias, la persona se sienta inspirada para hacer algo. Por ejemplo: hacer ejercicio, leer, salir de vacaciones, asistir a una conferencia, terminar un reporte, tender la cama, etc.

2. **Emociones**

   Cuando platicas una historia (anécdota, experiencia, película, suceso histórico, acontecimiento mundial, cuento, etc.), existe una emoción que se asocia a dicha historia. Si hablas acerca de la vez que sentías mucho miedo porque te asaltaron, la emoción que trasmitirás será de miedo y frustración. ¿Estás de acuerdo? Si compartes lo divertido de tus últimas vacaciones, pero pierdes el objetivo y terminas hablando de todo lo que salió mal en el viaje, la emoción que habrás instalado en la mente de la persona, se desviará a la sensación de que tus vacaciones fueron desagradables. Si repites la estructura de conversación cada vez que hablas de vacaciones, es posible que la persona concluya que es un horror viajar contigo. ¿Vas captando?

Es importante que tengas claro qué tipo de emociones deseas que experimente la gente mientras conversa contigo. No digo que te la pases contando chistes ni que siempre tengas que hablar de cosas divertidas. Habrá historias donde vas a compartir algo que no sea grato. Sin embargo, te invito a que el mayor porcentaje de tus historias generen una emoción agradable en las personas. Por ejemplo: alegría, pasión, ilusión, inspiración, paz, amor, tranquilidad, etc.

3. **Actitudes**

Una actitud es la disposición de ánimo manifestada de alguna manera. Es cómo te presentas al mundo: actitud ganadora, actitud de servicio, actitud positiva o actitud agresiva, actitud de lucha, actitud negativa. Si hablamos de un recurso positivo, tendrías que instalar en las personas actitudes positivas.

En la segunda parte del libro vas a aprender cómo usar las historias con una intención clara. Te enseñaré las 8 técnicas brutales que vas a usar para contar historias. Continúa disfrutando tu lectura porque poco a poco, te acercas al momento que más esperas.

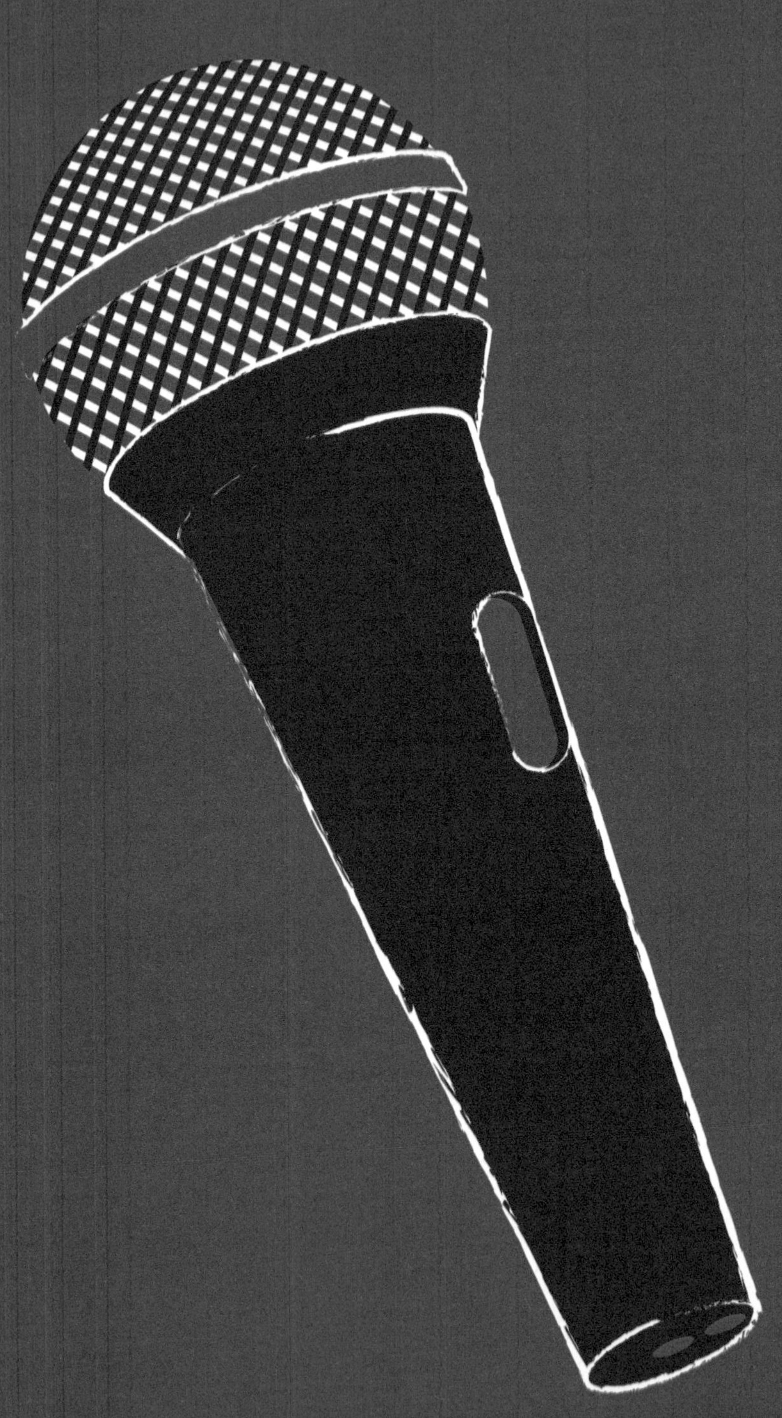

LA ESTRUCTURA DE LAS HISTORIAS

"Existe la verdad colectiva,
la verdad de tu realidad
y la verdad irracional"

Imagina tres edificios del mismo tamaño. Cada uno tiene un diseño diferente. Los tres tienen la misma estructura, exactamente igual. Lo único que los hace diferentes es el diseño externo. Si tú no los diseñaste, sería difícil darte cuenta de que la estructura interna es la misma. Así ocurre con las historias. La estructura interna es la intención de la historia. El diseño externo son las palabras.

Si quiero evocar el recuerdo de tu mamá, te puedo hablar de diferentes momentos con mi mamá. También de una película donde sale una mamá. Incluso de mi esposa atendiendo a mis hijos. Tal vez de una vecina que es mamá. Quizá de una amiga que es mamá o de una tía que es mamá. De la mamá de un mesías o de mi hija cuando sea mamá. Hasta de un animal hembra que es mamá, etc., etc., etc. La intención es que recuerdes a mamá. Esa sería la estructura principal de mis historias. Ahora, faltaría pensar qué tipo de momentos con mamá; felicidad, alegría, nostalgia, molestia, etc.

Dentro de la estructura tomaremos también la narrativa de Aristóteles, quién dividió toda historia en tres actos: el principio, el medio y el fin. Evidentemente, lo anterior no nos dice gran cosa, por eso ahora conocemos estas tres partes cómo: planteamiento, nudo y desenlace. Mi propósito no es mostrarte cómo escribir libros de novelas o películas. No es a lo que me dedico ni es el tema de este libro. Así que seré sumamente práctico para darte solo los elementos que considero necesarios para iniciar.

Planteamiento: Presentas al protagonista, las circunstancias iniciales, situación que detona el suceso y la decisión del protagonista para iniciar su jornada. Para algunos podría parecer un poco confuso o raro de entender. Te daré algunos ejemplos en todo el libro y cada vez te será más sencillo comprender la idea. Veamos un ejemplo de planteamiento:

Ejemplo: *Hasta el 2018, me dedicaba a compartir mi conocimiento a través de cursos y conferencias. Sin embargo, una de mis amigas me dijo que estaba escribiendo un libro. Por mi mente pasó la idea de hacer lo mismo. Me propuse también escribir uno.*

Nudo: Es la descripción del viaje, dentro del cual existe un conflicto (dificultades, barreras, retos). Aquí se pueden desprender historias secundarias (que aprovecharemos para otros fines y que te explicaré en la tercera parte del libro). Será necesario tomar otra decisión por parte del protagonista.

Ejemplo: *Cuando me senté a escribir, me di cuenta de que no tenía ni la menor idea de cómo hacerlo, me sentí frustrado. Por si fuera poco, no podía enfocar mi mente porque mi celular sonaba, mi esposa me hablaba y mis hijos me distraían con sus juegos. Imaginé que sería imposible, pero quería escribir mi primer libro.*

Desenlace: Es el modo en que concluye la historia. Para nuestros fines, no es necesario que sea un gran clímax narrativo, pero eso suele ayudar.

Ejemplo: *Finalmente, comencé a levantarme de la cama a las 4:30 de la mañana. Me propuse escribir mil palabras por día. Después de las mil palabras, como aún tenía tiempo antes de que la gente comenzara a buscarme en mi trabajo, investigaba sobre autopublicación y demás herramientas que necesitaría al terminar de escribir. En menos de seis meses ya había escrito y publicado mi primer libro.*

La historia que te comparto es muy breve. Trata sobre cómo empecé mi carrera como autor. Te puedes dar cuenta de que es una historia corta y sin muchos detalles. Es así porque para influir a las personas no necesitamos historias que duren tres horas, ni siquiera que duren cinco minutos. **Lo que más te debe importar es la estructura de la historia.**

Ahora te voy a dar una guía para que sea más comprensible lo que estás leyendo.

Guía de prácticas

1. Piensa en el recurso (acción, emoción o actitud) que quieres instalar.

   Recuerda que un recurso, es aquello que quieres sembrar en la mente de la persona que te escucha, y nos referimos a acciones, emociones o actitudes. Tomemos una de cada cual: emprender, felicidad y actitud de servicio.

2. Recuerda una historia donde encuentres el recurso.

   Ejemplo de acción: Emprender. Será sobre mi propia historia, primero trabajé para un laboratorio internacional y luego emprendí.

Ejemplo de emoción: Felicidad. Contaré el nacimiento de mi hija.

Ejemplo de actitud: Servicio. Será de cuando inicié en ventas, que lo que más buscaba era el dinero de los clientes.

3. Organiza la historia con los tres partes: planteamiento, nudo, desenlace.

Ejemplo de acción: Emprender

Planteamiento: *Cuando tenía 21 años fui contratado por el laboratorio más grande del planeta en ese momento. Tenía un buen sueldo, bonos, coche, tecnología, aparentemente todo, menos dos cosas: tiempo y oportunidad de crecer significativamente mis ingresos. La mejor opción era emprender. Así lo hice.*

Nudo: *No fue sencillo porque estaba acostumbrado a que cada mes recibía mi sueldo. Ahora los ingresos llegaban a diferentes tiempos y en varias cantidades. A veces era mucho dinero, otras no había nada. Hubo momentos en los que no tenía ni para comer. Mis hijos estaban pequeños. Recuerdo que yo lloraba de la frustración. La idea de volver a ser empleado me acorralaba cada vez más, pero pensé: "hay algo que tengo que romper en mi mente, si no lo hago ahora, lo tendré que hacer después". Decidí aguantar.*

Desenlace: *Primero, me imaginé a mi yo del futuro, dictando conferencias y escribiendo libros. Luego, me pregunté ¿qué había hecho ese yo del futuro para llegar a donde estaba? Después, me puse a trabajar en ello cada día. Procuré no voltear al pasado, ahí solo había prueba de que no lo lograría. Me enfoqué en el futuro. Hoy, trabajo en casa, tengo tiempo para estar con mis hijos, les proveo lo que necesitan, los clientes me buscan, vivo una vida hermosa.*

Ejemplo de emoción: Felicidad

Planteamiento: *Fueron nueve meses maravillosos. Desde que supe que estábamos embarazados por primera vez, me imaginé que sería una niña; así fue. Toda la gestación fue maravillosa, sin grandes problemas. Para mí, todo estaba tranquilo hasta que el doctor me preguntó: ¿Va a entrar al quirófano* *para el nacimiento de su hija? En ese momento mi mente me presentó todas las tragedias de las que podría ser testigo al entrar a quirófanos. Sentí miedo revuelto con alegría, muy raro, lo sé; pero acepté entrar.*

Nudo: *Para entrar al quirófano, es necesario vestirte de azul como lo hacen los doctores. Pasé a un almacén donde me dieron mi ropa. De ahí me mandaron al vestidor. Estaba solo. Yo iba muy emocionado, un tanto nervioso. No sabía cómo saldrían las cosas. Me vestí, caminé hacía una puerta que era el punto de no retorno. Ahí, colocaría unas fundas a mis zapatos. A partir de esa entrada estaría dentro del área de quirófanos.*

Anduve a través de otro pasillo hasta llegar a la puerta del quirófano tres. Afuera había un enorme lavamanos. Asumí que si iba a cargar a mi hija recién nacida, necesitaba estar completamente esterilizado para no ser una fuente de posibles infecciones. Me lave las manos. Mientras lo hacía llegó el pediatra. No lo conocía porque era parte del equipo del ginecólogo. Nos saludamos. Me dijo:

—¿Es usted el padre?

—Sí

—¿Y ha entrado alguna vez a una operación?

—No —respondí con cierta confusión.

—Mmm… es que luego se nos desmayan al ver la sangre y hay que estar cuidándolos también.

Me dejó sin palabras e hizo que me preguntara si realmente quería entrar; pero ya estaba ahí. Además, yo quería que mi esposa se sintiera acompañada.

Desenlace: *Por gracia divina, la cesárea fue un éxito. Vi por primera vez a mi hija. La escuché llorar. Comprendí que sería mi princesa para siempre, que la amaría hasta el último de mis días, que ya no importaba qué hiciera ella o no; tenía mi amor por siempre. Después de que el pediatra la limpió y revisó, me la dio a cargar. La acerqué a mi esposa. Lloramos juntos por la belleza de la vida.*

Ejemplo de actitud: Servicio

Planteamiento: *Durante mi infancia tuve muchas carencias, tanto afectivas como económicas. Sin embargo, todo recayó en la parte financiera. Pienso que por ello, cuando entré al mundo laboral, mi principal deseo era ganar mucho dinero. Quería mostrar que ganaba bien.*

Nudo: R*ecuerdo que no le daba mucha importancia a qué debía hacer, más bien a cuánto podía ganar. Para mi fortuna, durante mi corta vida como empleado, ingresé a un laboratorio. La mayoría de las actividades que desempeñaba me gustaban, pero yo quería ganar más. Sabía que el crecimiento dentro de una corporación cada vez sería más lento. Entonces, decidí emprender.*

Al igual que antes, como emprendedor, en mi cabeza estaba la idea de ganar mucho dinero. Lo último que pensaba es si me gustaba o no lo que hacía, si el cliente estaba satisfecho o si los proveedores eran buenos, yo quería dinero. Pues nada pasaba. Mi economía se iba deteriorando más cada día. Hubo momentos en los que no tenía dinero ni para que comiera mi familia.

En los días más complicados, mi esposa me pidió que regresara a trabajar como empleado. Metí algunas solicitudes y me llamaron unas empresas. El asunto es que ya había probado la libertad de ser emprendedor. Había hecho algunos negocios que me permitieron ganar más de lo que cualquier empresa podía pagarme en un mes. Sabía que había algo que estaba haciendo mal: si lo encontraba podría darle constancia a mis ingresos.

Desenlace: *Justo en el momento en que dejé de lado la opción de regresar como empleado, me empezaron a llegar ideas del porqué no estabilizaba mis finanzas. Finalmente, encontré la causa principal: mi visión. Deje de enfocarme en el dinero y comencé a enfocarme en servir a la gente. Al inicio fue muy complicado, no es fácil olvidarte del dinero cuando tienes hambre. Además, yo no entendía cómo funcionaba eso de servir a los demás.*

No me compliqué mucho, solo traté de ayudar a mis prospectos tanto como pudiera. Algunos decidían contratar mis servicios sin que yo lo mencionara, otros no lo hacían, pero me recomendaban. Así, poco a poco mejoró mi situación financiera. Comprendí que la gente está cansada de las personas que llegan y piden sin dar algo desde antes. Ahora me queda claro que servir es el secreto.

Para que una historia logre nuestros propósitos, el oyente necesita identificarse en algún punto; pero eso no siempre va a suceder. A mí me encantó la película *American Gangster*[2], sin embargo, no por ello me sentí inspirado para entrar al crimen organizado. Una persona que no está interesada en tener hijos o que no le gustan los niños, quizá no experimente mucha felicidad al escuchar la historia de cuando nació mi hija.

Otro factor que necesitas tener en cuenta, es que las historias que pretenden influir una emoción, deben ser consecuentes con tu lenguaje no verbal. Es decir, si quieres influir felicidad, necesitas sentirte feliz mientras cuentas tu historia, de lo contrario, no habrá coherencia.

Para cerrar este capítulo, deseo que comprendas que cada vez te será más fácil expresar las historias de este modo. De alguna manera, tu mente hará los ajustes necesarios para que, mientras hablas, las historias vayan fluyendo con la estructura que te comparto. No obstante, al principio necesitas practicar de modo consciente y estructurar tus historias antes de contarlas. Yo no creo que sea necesario que escribas toda la historia, pero sí considero pertinente que tengas perfectamente identificados cuáles son los elementos del planteamiento, del nudo, del desenlace y, **sobre todo, cuál es el recurso que quieres instalar.**

Te recomiendo que hagas tres historias para cada recurso; es decir, tres historias para generar una acción, tres para inducir una emoción y tres para crear una actitud. Tómalo como práctica porque en este momento te estoy dando la base sobre la cual integraremos las demás herramientas, de modo que puedas lograr tu cometido; influir a las personas a través de tus historias.

---

2 Grazer, B., Washington, D., (productores) y Scott, R. (director). (2007). *American Gangster* (cinta cinematográfica). EEUU: Universal Pictures.

LA MAGIA DE LA REPETICIÓN

"Hay mentiras que de tanto decirlas, se convierten en verdad"

Cuando tenía quince años comencé a hacer inducciones hipnóticas. Por asares de la vida, fui a un espectáculo de hipnosis y el hipnotista me dijo cómo hacerlo. Luego, estando en mi escuela, comencé a dormir a mis compañeros. Mi principal temor era inducir a alguien y que jamás despertara. Confié en el hipnotista, quien me dijo que no pasaría nada de eso.

La primera inducción la realicé a un amigo, fue un desastre. Por la naturaleza de la técnica que usaba en ese momento, si la persona se salía del trance justo antes de entrar en un estado hipnótico más profundo, los dedos de cada mano se juntaban como queriendo unir las yemas y las muñecas se encorvaban como si, con los dedos juntos, quisieras tocar tu antebrazo. Lo dramático del asunto es que era un proceso totalmente involuntario y con tensión en los músculos de las manos.

Fue un momento de mucho temor; sin embargo, en cuanto pude, volví a meter a otra persona en trance hipnótico. Después de vivir esa experiencia, algo se despertó dentro de mí, tenía deseo de conocimiento, quería saber más sobre la hipnosis, el comportamiento humano y el poder de la mente. Ese fue el inicio para llegar a quién soy ahora.

A través del tiempo y con todos los estudios que he hecho, aprendí por qué razones funciona la hipnosis, tanto la hipnosis de trance como la hipnosis conversacional. El primer factor ocurre cuando alteras tu estado de consciencia. Cuando estás en vigilia (despierto) tu mente racional hace evaluaciones sobre el porqué de las emociones y comportamientos, tuyos y de las personas. Trata de identificar qué cosas tienen sentido. Cuando tu frecuencia cerebral baja de ondas beta a ondas alfa, la mente racional se apaga.

Casi todo el tiempo la frecuencia cerebral de los niños es alfa; por ello, es que pueden jugar mientras se imaginan diferentes escenarios. Tú, como adulto, no podrías tener la misma imaginación y divertirte igual estando en estado beta. Tratas de seguirle el juego al niño, pero no lo vives con la misma intensidad que él. Sabes que no es real, que solo es un juego. No obstante, también hay momentos en que los adultos están en estado alfa.

Cuando la frecuencia cerebral es de ondas beta, se dice que estás en vigilia, estás alerta vigilando que todo esté en orden. Aquí, tu mente consciente, está atenta de tu entorno, está despierta. Cuando llevas la atención a tus pensamientos, la situación va cambiando. De repente, puedes estar creando historias dentro de tu mente sin juzgar qué es cierto y qué es mentira o qué situaciones tienen sentido o no. En ese momento, el mundo externo no importa tanto como el mundo interno. ¿Y esto qué tiene que ver con contar historias?

Cuando una persona escucha, ve o lee una historia, suele cambiar su frecuencia cerebral para entrar en un estado de ondas alfa, lo que significa que su mente es más sugestionable. De alguna manera, podemos decir que cuando cuentas una historia, le estás haciendo hipnosis a la gente. Hacer cambios en la mente de las personas cuando hablas, ocurre de modo similar a cuando haces una inducción hipnótica.

La hipnosis funciona a través de dos factores, la técnica y la repetición. Por el lado de la técnica, se trata de crear la metáfora correcta y usar un lenguaje con ciertas características. La repetición se trata de que la persona en cuestión, vaya a su terapia de hipnosis de manera regular o que cada día escuche el mismo audio de hipnosis.

En nuestro caso, la repetición se trata de que cuentes diferentes historias con la misma estructura, buscando instalar el mismo recurso. A diferencia de un audio de hipnosis, tú no le puedes contar la misma historia cada día a una persona durante tres meses; pero sí puedes contarle varias historias "aparentemente" diferentes, que tengan el mismo efecto en su mente.

He contado hasta nueve historias seguidas con la misma estructura, buscando instalar el mismo recurso y las personas no lo notan. El oyente se pierde en la historia, incluso las personas que saben sobre este proceso y conocen el efecto de las historias, se pierden en la narración. Así funciona la mente. La eficacia de tus historias dependerá de la cantidad que cuentes y de que compartan la misma estructura.

Querido amante de la persuasión, ya estamos más cerca de las páginas que te dirán cómo influir a las personas a través de las historias. Sé que al inicio parece mucha información, pero también sé que poco a poco vas comprendiendo mejor todo lo que estás leyendo y no importa si aún no eres consciente de ello, lo sabrás al terminar de leer el libro. Ahora, vamos al siguiente capítulo.

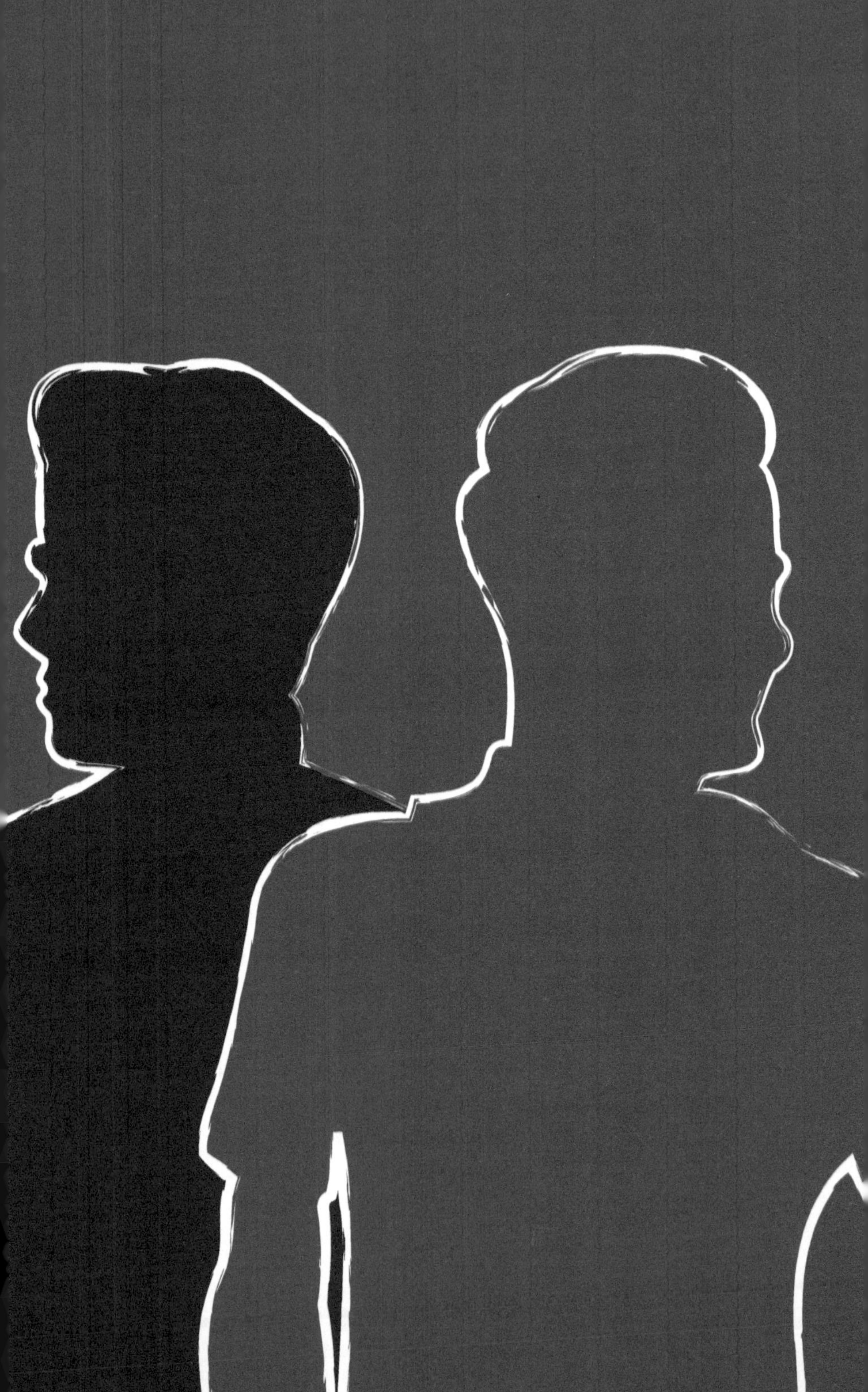

POSICIONES PERCEPTUALES

"No es lo que escuchas, sino lo que interpretas de lo que escuchas"

Para que puedas comprender una palabra o un enunciado, tu cerebro tiene que hacer una creación mental. Si digo "perro", tienes que imaginar a un perro para comprender de qué estoy hablando. Ahora imagina un *samochód*, ¿qué imagen hay en tu mente? A menos que sepas polaco, no puedes hacer una imagen clara sobre qué es.

De la misma manera, de acuerdo con la persona de quién se habla, tu cerebro hará una creación mental para comprender a quién aplica lo que estás escuchando. Si te digo que *a mi vecino le robaron el coche*, tienes que imaginar a un hombre que vive al lado de mi casa y que le robaron su coche (Perdona la obviedad, pero conforme sigas leyendo comprenderás el punto). Si en lugar de hablar de mi vecino, hablo sobre mi vecina, entonces harás la misma creación mental, pero ahora será una mujer en la que pienses. ¿Qué tipo de hombre o de mujer es? No lo sé. ¿Qué tipo de coche fue robado? No sé cuál imaginaste. ¿Qué tipo de casas son las que imaginaste? Tampoco lo sé. A veces hay algunas personas que creen que no pueden imaginar nada o solo unos elementos; cuando eso ocurre, suele ser porque la gente no es consciente de todos los detalles visuales de sus pensamientos.

Ahora cambiemos la persona de la que estamos hablando, el tema será sobre mí. Entonces, te cuento que *me robaron mi coche cuando lo dejé afuera de mi casa.* En este momento, dentro de tu creación mental estoy yo. Cuando hablé de mi vecino y de mi vecina, no tenías una imagen clara de quién era (a menos que conozcas a mis vecinos) y pudiste imaginar a cualquier persona, incluso a tus vecinos. Como ahora el enunciado habla de mí, me imaginas a mí.

Hagamos un cambio más, imagina que *te cuento que te robaron el coche cuando lo dejaste afuera de mi casa.* ¿Ahora quién está en la película de tu mente? No quiere decir que sea verdad, quizá ni coche tienes; pero eso no impide que se forme la imagen mental de lo que escuchas o lees. Es un proceso automático, inconsciente para la mayoría.

Cuando hablo de mí, me estoy expresando en primera persona; cuando hablo de ti, me estoy expresando en segunda persona y cuando hablo de alguien que no eres tú ni soy yo, me estoy expresando en tercera persona. Lo comprenderás mejor al final de este capítulo.

De acuerdo con la Programación Neurolingüística, hablar usando la segunda persona, hace que el oyente se identifique con mayor facilidad a la historia. Así, cuando quieras que la gente se identifique más con la historia, exprésate en segunda persona. Hacia el otro lado, para hacer que el oyente se identifique menos con la historia, lo que vas a hacer es expresarte en tercera persona. ¿Y cómo saber en qué momento quiero que se identifique o no el oyente? La respuesta dependerá de cuál es tu objetivo al comunicarte y qué quieres instalar en la mente de la gente.

Imagina que deseas instalar alegría a la gente que te rodea. Te propones contar solo historias que sean alegres (con el tiempo te darás cuenta de que es imposible hacerlo así, en algún momento tendrás la necesidad de compartir alguna historia desagradable a modo de desahogo para ti). Entonces, cada vez que cuentes tus historias de alegría, lo haces en segunda persona, y cuando cuentes historias que no sean alegres, lo haces en tercera persona. En algunas ocasiones, tu historia tendrá elementos en los cuales te gustaría que se identifique más el oyente; en contraste, habrá otras partes donde preferirás que no lo haga.

Grábalo bien en tu mente: **cuando quieres que se identifique más el oyente, hablarás en segunda persona; cuando quieres que se identifique menos el oyente, hablarás en tercera persona.** Debo aclarar que, si bien, cambiar la posición perceptual ayuda, no necesariamente hará que alguien se asocie a una historia o se disocie de esta. Recuerda que es un conjunto de factores y este solo es uno de ellos.

Regresando al tema, vamos a explorar qué pasa con el plural de la primera y segunda persona. Si hablo de nosotros, en la imagen de tu mente ves a un grupo de personas, pero no necesariamente a mí o a ti. Lo mismo ocurre si hablo de ustedes en lugar de tú: en la imagen habrá un grupo de gente, pero quizá ni siquiera te veas a ti. Para conseguir que te asocies, necesito que tú aparezcas de modo muy evidente dentro de tu creación mental. Mientras lees los siguientes párrafos, presta atención al tipo de imágenes que vienen a tu mente:

Ejemplo 1:

Primera persona: *Fui de vacaciones a la playa. ¡Me encanta! Yo estaba ahí, recostado sobre la arena, disfrutando del sol. Luego, me meto al mar para refrescarme un poco y me siento increíble*[3].

3 La conjugación de los verbos en presente ayuda a que el lector se asocie con la historia.

Segunda persona: *Fui de vacaciones a la playa. ¡Me encanta! Estás ahí, recostado sobre la arena, disfrutando del sol. Luego, te metes al mar para refrescarte un poco y te sientes increíble.*

Tercera persona: *Fui de vacaciones a la playa. ¡Me encanta! Uno está ahí, recostado sobre la arena, disfrutando del sol. Luego, uno se mete al mar para refrescarse un poco y se siente increíble.*

Ejemplo 2:

Primera persona: *Ayer me caí, o sea, iba caminando por la acera y, de repente, no me di cuenta y meto el pie en un hoyo.*

Segunda persona: *Ayer me caí, o sea, vas caminando por la acera y, de repente, no te das cuenta y metes el pie en un hoyo.*

Tercera persona: *Ayer me caí, o sea, uno va caminando por la acera y, de repente, no se da cuenta y mete el pie en un hoyo.*

¿Qué tanto notaste la diferencia en las imágenes de tu mente? A partir de este momento, tu filtro ha cambiado. Comenzarás a estar más atento a la posición perceptual desde la que habla la gente y tú también. Notarás que la mayoría de las personas se expresan en segunda persona. Hablan de ti, incluso cuando están narrando sus propias experiencias.

En los ejemplos anteriores uso un párrafo con una experiencia en la que desearíamos que el oyente se asocie y una en la que no deseamos que eso ocurra. Los dos ejemplos hablan sobre mí, acerca de una experiencia mía; pero nota cómo podemos hacer el cambio de posición perceptual y no se altera el contenido. Al menos no de modo que pierda sentido para el oyente.

Ahora sí, manos a la obra. Pasemos a conocer todo lo que puedes lograr en la mente de la gente a través de contar historias. ¡Mantén el entusiasmo!

PARTE 2

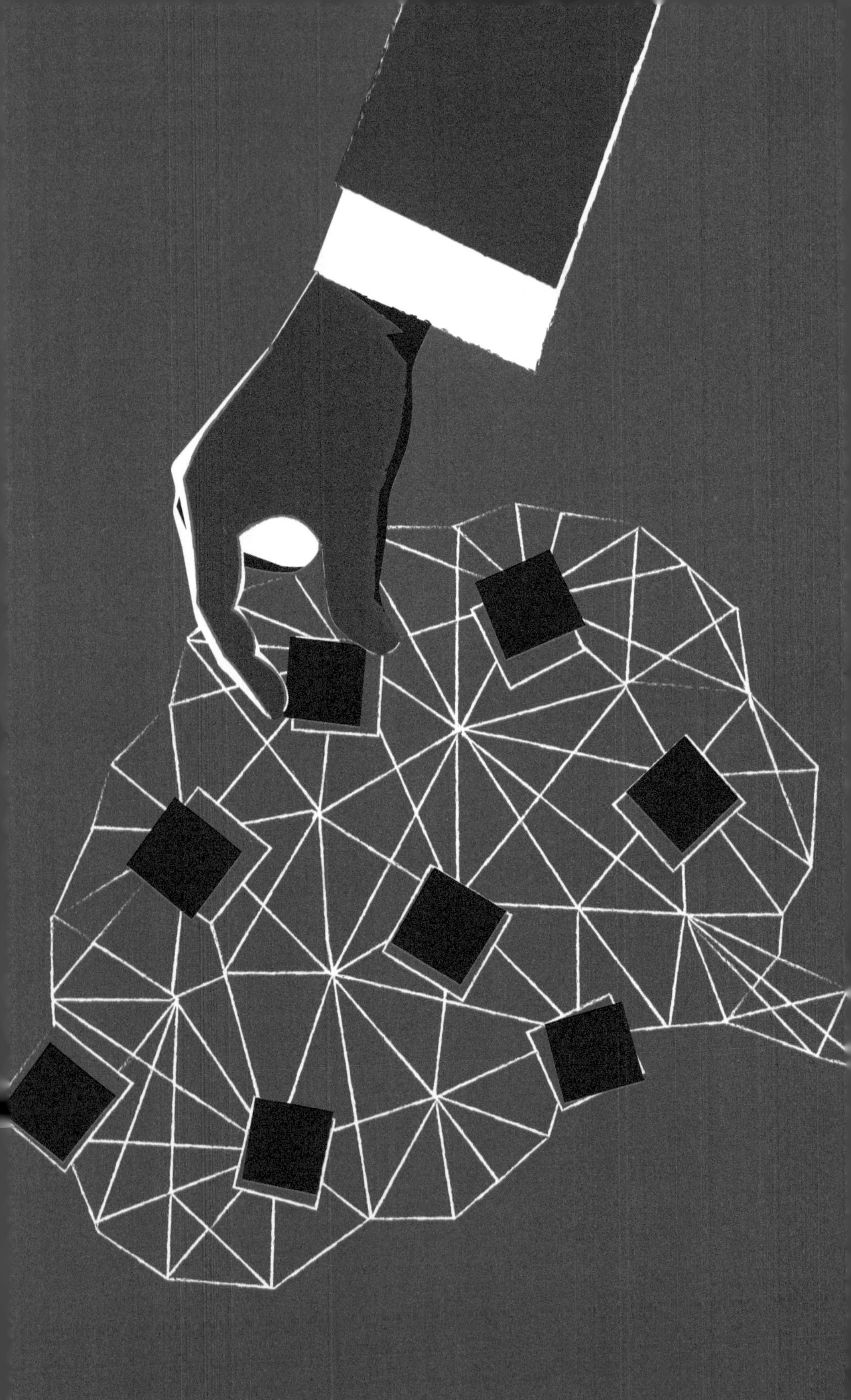

LAS 8 TÉCNICAS BRUTALES

*"La forma en que ves el mundo,
cambia tu mundo"*

A través de contar historias puedes crear varias situaciones en la mente de la gente; sin embargo, para hacerlo muy sencillo de aprender para ti, nos centraremos en ocho:

1. Inducir emociones
2. Dar mensajes a la mente inconsciente
3. Dar órdenes encubiertas
4. Generar comportamientos
5. Inspirar a la gente
6. Instalar ideas
7. Cambiar creencias
8. Explicar conceptos nuevos

En los próximos capítulos te explicaré a detalle cómo usar cada técnica. Te recomiendo que leas las ocho técnicas y después pongas en práctica las que te hayan parecido más sencillas o que te gustaron más. La idea es que tengas evidencia de lo aprendido. Con el tiempo podrías ir sumando técnicas a tus historias, de modo que, cada vez que hables, tu discurso contenga la mayor cantidad de elementos persuasivos que sea posible.

Quiero hacer énfasis en que se trata de un trabajo en el que necesitas escribir tus historias para incluir los nuevos elementos a tu conversación. Si pretendes poner en funcionamiento tu aprendizaje improvisando mientras conversas, te tomará mucho tiempo desarrollar la habilidad. Nunca tendrás maestría. En este momento de mi carrera, antes de dar una conferencia, de grabar un podcast o de conversar con intensión de persuadir, todavía pienso en qué historias debo contar y con qué secuencia. Por supuesto que trazar el camino para mí es más rápido: a veces ni siquiera tengo que hacer anotaciones.

Permitir que las palabras, simplemente fluyan mientras das paso a la improvisación, es una gran idea cuando ya sabes hacer las cosas. Cuando no, puede ser una catástrofe. En una ocasión tomé un entrenamiento de motivación y empoderamiento. Era un programa intenso. La finalidad era mostrarte que podías lograr mucho más de lo que habías hecho hasta ese momento. No fue malo, pero el sistema tiene muchos huecos expuestos. Uno de mis compañeros tenía problemas financieros, él quería incrementar sus ingresos y, después de un buen lavado de cerebro en el curso, estaba dispuesto a ser millonario. El entrenador le dijo:

—Edgar, tú solo fluye. Haz lo que tengas que hacer mientras mantienes en tu mente que ya eres millonario. ¡Siente que ya eres millonario y fluye!

Bonito, ¿no? Para ser millonario solo necesitas sentir que ya lo eres y fluir. ¡¿Cómo no me di cuenta antes?! Resulta que Edgar, llegó molesto y confundido a la siguiente sesión.

—Me dijeron que sintiera que ya era millonario, así lo hice. Me dijeron que fluyera, así lo hice —comentó Edgar con el entrecejo fruncido.

—¿Y qué hiciste? —dijo entusiasmado el entrenador.

—Fui a sacar el dinero de mi pago a un cajero automático, que se encuentra en un centro comercial —respondió Edgar y continuó—. Para salir del centro comercial, pase por una tienda departamental y vi unas camisas que me gustaron mucho. No lo pensé, fluí sintiendo que era millonario y las compré. ¡Ahora no sé cómo voy a pagarlas!

Yo no me dedico a enseñar inteligencia financiera, pero sé que gastar más de lo que ganas, no es una acción de la gente millonaria. Incluso no sé si esas personas compren ropa muy costosa sin saber de manera exacta para qué lo hacen.

Evita que las ideas solo fluyan a tu mente con este conocimiento porque leíste el libro. Es necesario que te entrenes para que ganes experiencia. Entrenar significa que harás prácticas que te preparan para cuando estarás frente a la persona que quieres persuadir. Del mismo modo en que se entrenan los deportistas: hacen prácticas para después ir a competir. De hecho son más las horas de práctica que los minutos de acción.

Acabo de recordar una historia sobre Milton Erickson, uno de los mejores hipnoterapeutas del siglo pasado, quien era un experto en contar historias para sanar a sus pacientes. Se dice que, en una entrevista, ocurrió una conversación parecida a la siguiente:

—Dígame Dr. Erickson, ¿cómo sabe qué decir a cada paciente y hacerlo tan rápido?

—Intuición, eso es todo.

—¿Y cómo logró tener esa intuición?

—Con cincuenta años de experiencia.

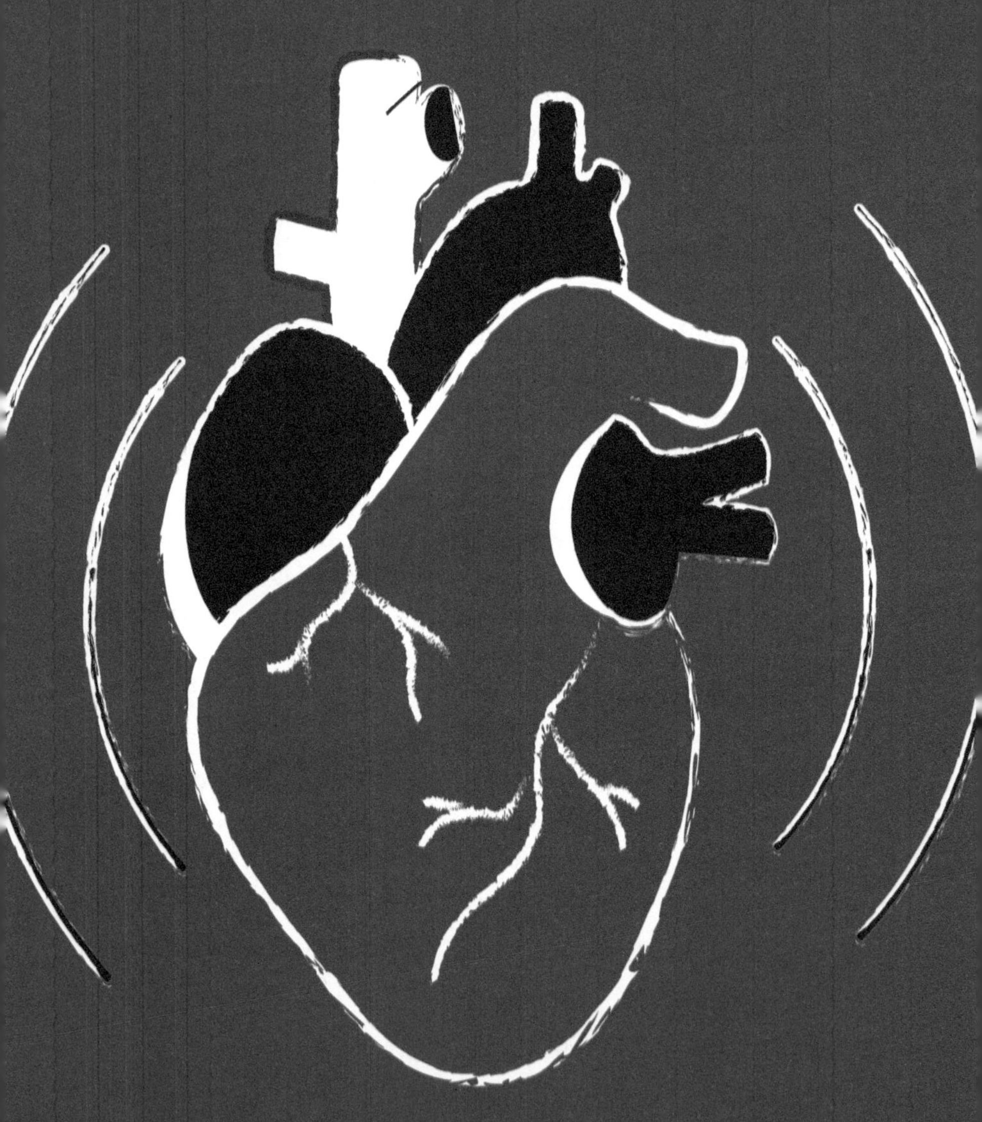

TÉCNICA 1

CÓMO INDUCIR EMOCIONES

"Podrás olvidar lo que digo, pero no cómo te hago sentir"

Recuerda que una historia puede ser toda narración que no describe la realidad. Cada vez que hables sobre alguna experiencia (tuya o de alguien más), sobre alguna noticia, alguna película, etc., es necesario que tengas en mente qué tipo de emoción quieres que experimenten las personas al escucharte. Ahora bien, el hecho de que solo quieras influir emociones positivas, no significa que únicamente vas a comunicar historias alegres. Habrá momentos en los que tendrás que compartir experiencias que no sean del todo agradables.

¿Por qué influir las emociones del oyente?

La razón principal es que quien te escucha olvidará conscientemente la mayoría de las palabras que vas a decir, pero es posible que siempre recuerde cómo se sintió. Por ejemplo, cuando tenía ocho años, mis papás discutieron muy fuerte. No recuerdo qué cosas se dijeron. Tengo en la mente la imagen de mi papá sacando su ropa del closet y guardándola en una maleta, aunque ese día no fue cuando se separaron de verdad. Recuerdo perfectamente que sentí miedo, angustia, confusión, y fue tan impactante que mientras escribo siento cierta incomodidad aún. También recuerdo la primera vez que viajé en avión, situación que se dio hasta que yo tenía veintidós años. Mi familia no acostumbraba a salir de vacaciones, además no teníamos dinero para hacerlo. Creo que ni tiempo. A los veintiún años fue cuando hice mi primer viaje en avión gracias a mi trabajo. El momento específico en que el avión se comenzó a mover, ¡fue increíble! De la emoción, no pude prestar atención a lo que dijo la azafata al momento de darnos las instrucciones para saber qué hacer en caso de una emergencia (ahora hasta me lo sé de memoria), pero sé que yo estaba súper feliz. ¡Estaba sonriendo! Era tanta mi felicidad, que centraba mi rostro en la ventana para no mostrar a los demás pasajeros la euforia de mi primer vuelo. Entonces:

¿Para qué quieres influir las emociones del oyente?

La persuasión puede ser aplicada en todas las áreas de tu vida, hasta para persuadirte a ti mismo. Si un día te sientes decaído, te acuerdas de varias historias alegres y luego te sentirás mejor. Algunos ejemplos de "para qué" influir emociones en determinados contextos son:

Seducción: ¿Qué emociones te gustaría que experimente la persona que te gusta al estar contigo?

Relaciones de pareja: ¿Qué emociones quieres que sienta tu pareja cuando conversan? De modo que siga siendo tu pareja.

Hijos: ¿Qué emociones quieres que recuerden tus hijos sobre su infancia?

Clientes: ¿Cuál es la emoción en la que necesita estar tu cliente para comprar tu producto o servicio?

Proveedores: ¿Qué emoción necesitas crear en tus proveedores para que te apoyen más?

Amigos: ¿Qué emoción deseas brindar a tus amistades para que te devuelvan la misma emoción cada vez que estén contigo?

Jefe: ¿Qué emoción prefieres que tenga tu jefe cuando interactúa contigo?

Suegros: ¿Qué emoción te gustaría que experimenten tus suegros cuando los visitas?

Son solo algunas ideas, sin embargo, pienso que siempre debes tener claro qué tipo de emoción estás influyendo en las personas. Hay gente que habla y habla y sus historias son puras tragedias o quejas. Luego, cuando se callan, sientes un hueco en el estómago. ¡Espero que tú no seas de esas personas!

Una vez sabiendo la emoción que quieres trasmitir, piensa que las historias que vas a contar deben trasmitir cierto nivel de esa emoción. Debe ser una situación socialmente aceptada para generar la emoción que quieres transmitir, o en su caso, que la tribu a la que perteneces acepte la emoción de acuerdo con la anécdota. Imagínate que El Chuy quiere influir entusiasmo. Así, él selecciona experiencias muy entusiastas; ya sea en su vida, en la vida de alguien más o en una película. Como El Chuy es raro, a él le entusiasma tomar cerveza con sus amigos vagos, afuera de la tienda que está a dos cuadras de su casa. Entonces, para que sientas entusiasmo dice:

—El otro día llegué cansado del trabajo y La Felipa empezó con sus broncas. Me sentía harto con todos los problemas. Luego me mandó un mensaje El Tuercas, me dijo que iba a ir a la Tienda, que fuéramos a echarnos unas caguamas. ¡Tsss!, ahí si me emocioné.

Si quieres hacer que una persona sienta entusiasmo, debe ser porque ahora tiene una emoción que la tiene sin entusiasmo. Quizás dicha persona esté muy tranquila o incluso tenga una emoción de baja energía; tristeza o frustración, por ejemplo. Podría también ser el caso de que el oyente ya tenga entusiasmo y quieras que lo mantenga o lo haga crecer. El problema con la narrativa de El Chuy, es que para muchas personas su historia no va a crear esa sensación.

Así, de acuerdo con la tribu de la persona a la que quieres influir, ¿qué tipo de historias pueden crear entusiasmo? En toda tu vida es seguro que tienes historias entusiastas. Si no fuera así, debes conocer historias de alguien o habrás visto alguna película o lo leíste en algún libro dónde puedes encontrar emociones entusiastas. Aquí deseo hacer una aclaración. Tiene más peso la emoción con la que platicas tu historia que la historia en sí; peeeeero, no siempre. Un asesino puede ser muy entusiasta en contarte cómo mató a una familia, sin embargo, tengo la impresión de que lo último que sentirías sería entusiasmo y deseos de hacer lo mismo… ¿cierto (entra mirada sospechosa y ligeramente temerosa)?

Te voy a dar 3 recomendaciones para que tus historias puedan trasmitir mayor emoción.

1. **Que tú expreses la emoción**

   Es casi imposible hacer vibrar a una persona si tú no estás vibrando. Un cantante podría tener una voz increíble, pero si su interpretación carece de la emoción adecuada, va a haber algo que no termine de conectar contigo. Un actor que no trasmite emociones va a terminar muriendo de hambre.

De manera natural, hay personas que tienen tendencia a vivir con más intensidad las emociones. En términos de la Programación Neurolingüística: se asocian a las experiencias. Para estas personas no tendrá mayor problema trasmitir la emoción. Aquí el reto es no sobreactuar la emoción y evitar perder el control sobre esta. No puedes hablar si estás riendo a carcajadas o llorando a borbotones. Del otro lado, está la gente que se disocia de las experiencias. No parecen sentir emociones. Para ellos, el reto es exagerar la emoción para estar en el nivel mínimo necesario y trasmitirla correctamente. Lo que para estas personas es exagerar, para el oyente quedará en un nivel normal.

Para saber si eres un Duro Acantilado porque nunca lloras o una Sensible Magdalena porque no paras de hacerlo, lo único que necesitas es responder la siguiente pregunta: ¿Alguna vez has llorado con alguna historia (película, cuento, libro, etc.)? Vamos a configurar el llorómetro. Los extremos serían: que nunca has llorado con ninguna historia o que lloras con cualquier historia. Ubica en qué parte quedarías tú.

2. **Que la historia haga sentido al oyente**

Es muy importante que, a pesar de estar sintiendo la historia que platicas, no te quedes dentro de ti. Observa al oyente para que trates de identificar si también está sintiendo la emoción que trasmites. En el caso de quien es una Sensible Magdalena, si se deja llevar demasiado por la emoción al hablar, llegará un punto en el que el oyente podría desconcentrarse, ya sea para ir a consolarle o porque esté confundido al verle tan enganchado de modo emocional.

Hay personas muy emocionales. Otras no. Lo importante para ti es que haya un estímulo sobre la emoción que quieres influir. Cuando platiques una historia alegre, no esperes que la gente esté sonriendo todo el tiempo. Es como cuando estás chateando con una amiga y escribe algo gracioso. Sonríes ligeramente y respondes: *Ja, ja, ja. ¡Muero de risa!* Lo que ella escribió, se te hace muy gracioso, pero corporalmente no lo expresas con la misma intensidad que lo escribes.

Otro aspecto para considerar es que la historia necesita estar dentro del abanico de situaciones creíbles para el oyente, al menos para influir emociones. Cuando una historia parece demasiado fantasiosa, el oyente entra en confusión: algo no cuadra y se disocia. A mí me gusta el cine. A pesar de que espero exageración, hay películas con escenas donde tengo la impresión de que ya fue demasiado. Ahí me desconecto. Esto depende de cada persona. Por eso necesitas estar observando las reacciones del oyente.

3. **Que seas descriptivo**

   Cuando vez una película, toda la fotografía influye para que te asocies y sientas más las emociones. Sin embargo, cuando cuentas una historia, careces de ese elemento. El oyente imaginará la situación de acuerdo con la información que le brindes. Ser descriptivo significa que, le darás más detalles al oyente para que la imagen en su mente sea muy clara. Es una cuestión de equilibrio que irás aprendiendo poco a poco. Tampoco puedes exagerar y dar absolutamente todos los detalles. Mira la diferencia en el siguiente ejemplo:

Sin descripción:

El ginecólogo sacó a mi hija, se la dio al pediatra, quien la limpió y le hizo más cosas, luego la envolvió y me la dio.

Con descripción:

El ginecólogo que atendió a mi esposa durante todo el embarazo, sacó a mi hija del vientre de su mamá. Yo, estaba sentado junto a la cabeza de mi esposa, a su derecha. Desde ahí vi a mi hija, a mi pequeña, que tenía un color tendente a morado. ¡Me sobresalté! Los segundos que tardó en llorar se me hicieron eternos. No sabía qué sentir, pero cuando escuché su llanto, mis ojos se llenaron de lágrimas de felicidad, mi sonrisa crecía sin que yo fuera consciente de la alegría que trasmitía. Por un momento, pasó frente a mí una película de todo lo hermoso que quería vivir con mi princesa. Sentía tanto amor, y todavía ni siquiera la había tenido en mis brazos.

Con una indiferencia sorpresiva, el ginecólogo la entregó al pediatra, quien la llevó hasta una mesa especial para bebés. La limpió y la revisó. Le hizo todas las cosas que se le tienen que hacer a los recién nacidos. Yo estaba entre confundido y molesto, al ver la poca sensibilidad al manipular a mi bebé. Ahora sé que mi falta de experiencia y el exceso de amor me hacían dudar de la habilidad de los doctores. Ellos juntos traían al mundo a más de cincuenta bebés al año.

El pediatra envolvió a mi hija en una sábana azul del hospital. Me la dio para que la cargara, y volví a llorar. ¿Cómo puede ser posible que se cree la vida y se manifieste en un ser tan hermoso? Ya con ella en mis brazos, la acerqué a mi esposa para que la viera y la tocara, también lloró. Mi princesa dejo de llorar poco a poco, como si supiera que estaba con sus papás. Estar presente en el nacimiento de mis hijos ha sido de las mejores experiencias de mi vida.

¿Notas la diferencia? Si no tienes la tendencia a dar detalles, tendrás que aprender a hacerlo si quieres emocionar al oyente. Cuando contamos una historia para persuadir, no queremos ser concretos y directos. Si bien, comparto que no hagas historias que duren dos horas, tampoco que seas tan parco que termines en veinte segundos. Específicamente, en esta parte del lenguaje no me interesa que seas muy concreto.

¿Cómo saber que estás influyendo la emoción correcta?

En el mejor de los casos, notarás en la cara del oyente expresiones consecuentes con la emoción que deseas transmitir. Otro factor es la mirada: si están atentos observándote, es buena señal. Cuando la gente voltea para todos lados, por alguna razón, está distraída. Digo "por alguna razón", porque podría ser alguna situación que les preocupe y que les impida concentrarse en ti, a pesar de que tu historia sea agradable. En ese caso, lo ideal es que pares y le preguntes a la persona cómo está. Lo divertido de esto es que, una vez que la persona te explique qué la tiene distraída, puedes contar una historia que, en palabras, hable de lo que está viviendo, pero que en emociones, la lleve a donde tú habías planeado desde el inicio.

¿Qué hacer con las historias desagradables que necesitan ser contadas?

En la vida ocurren situaciones que no son gratas. A todos nos sucede. Compartir historias de tragedias (grandes o pequeñas), suele crear empatía con el oyente y al mismo tiempo te aterriza como otro mortal más. Para ello, mi recomendación es que toda la historia la cuentes en tercera persona. De ese modo ayudarás al oyente a asociarse menos con la experiencia. Lo siguiente es que puedas meter elementos divertidos en la narración. ¿Has visto videos de risa? Por lo general, tratan sobre la tragedia de alguien o de algún comportamiento muy torpe que, a veces, también puede derivar en tragedia.

Si no forma parte de tu personalidad, puedes aprender un poco viendo cómo cuentan las historias en el Stand Up. Lo más importante es que la mayor parte de la conversación contenga elementos con la emoción que deseas influir en el oyente y que la última historia también la contenga. A veces es el oyente quien quiere contar historias de tragedia, entonces, entras con una historia similar y llevas la conversación a otro tema. Si el oyente insiste en la tragedia cada vez que conversan, te recomiendo evaluar si deseas seguir frecuentando a esa persona.

Guía de prácticas

1. Piensa en una emoción que quieres influir en una persona.
2. Identifica qué historia podría generar esa emoción que sea consecuente con la tribu del oyente.
3. Escribe la historia. Pueden ser dos o tres párrafos.
4. Ajusta la historia para ser más descriptivo.
5. Grábate contando la historia para asegurarte de que sí transmites la emoción que quieres generar.
6. Crea de 5 a 6 historias que generen la misma emoción, pero que hablen de temas diferentes. Repite del punto 3 al 5.
7. Ve y cuenta tus historias.

TÉCNICA 2

DAR MENSAJES A LA MENTE INCONSCIENTE

"Todas las palabras y las frases tienen una representación mental"

En capítulos anteriores te expliqué que cuando hablas en segunda persona, el oyente tiende a asociarse más con la historia, ¿recuerdas? Ahora, lo que vamos a hacer es decir en segunda persona el mensaje que queremos dar al oyente, pero sin mencionarlo de manera directa; entonces, usaremos a algún personaje dentro de la historia. Al continuar leyendo, descubrirás que es más sencillo de lo que parece ahora.

Pensemos que El Chuy anda de galán y quiere enviar un mensaje romántico a la mente de La Felipa, la dueña de sus suspiros. Entonces, le comenta una breve historia:

—Cuando mi papá conoció a mi mamá, ambos iban en el trasporte público —cuenta entusiasmado El Chuy—. Ninguno era consciente de que el otro existía hasta que, de repente, cruzaron la mirada. En eso, mi papá pensó: "¡Qué hermosa eres! Yo quiero algo serio contigo".

Si únicamente leyeras la última parte del párrafo anterior, ¿el mensaje para quién es? Cada vez que mencionas lo que dijo alguien y lo haces en segunda persona, la mente inconsciente del oyente tenderá a asociarse aún más. Lee con atención los siguientes enunciados:

-Ella le dijo a su esposo que no le había gustado su actitud.

-Ella le dijo a su esposo: ¡No me gusta tu actitud!

Ambas son expresiones correctas, sin embargo, en la primera, la narración no hace que te enganches con el mensaje. En la segunda, la mente inconsciente se asociará al mensaje, asumiendo que le hablas al oyente.

En una ocasión pasó a visitarme a mi oficina un colega que también daba entrenamientos. En aquel tiempo, yo rentaba la oficina panorámica de un edificio con una vista hermosa, por ello, creo, venía más gente a saludarme. Mi colega me contaba sobre la experiencia que tuvo con uno de sus trabajadores. Me comentaba lo que le había dicho a su colaborador. Me dijo:

—Entonces le dije a mi trabajador: *¿Qué pasa contigo? Te he dado muchas oportunidades. ¿Te das cuenta de que no estás haciendo el mejor de los esfuerzos? Necesito que me digas qué está faltando en mí para que des resultados. ¿O realmente quieres ser un mediocre toda tu vida? ¿No piensas decir nada? Ese es el problema contigo, que tienes miedo y no actúas.*

Así siguió por un rato. Eso fue de mucho aprendizaje para mí, porque comencé a sentirme incómodo. Hubo un momento en que ya no sabía si toda su confrontación seguía siendo parte de la historia que vivió con su trabajador o si ya se trataba de mí. De hecho, estuve a punto de preguntarle si tenía algún problema conmigo; pero quise seguir observando mis pensamientos. Lo más interesante que descubrí en ese momento, fue la razón por la que me asocié más rápido y con más fuerza.

En aquellos días, había un sentimiento desagradable en mi interior porque comencé a cuestionar mis resultados y mi estilo de vida. Tuve un lapso donde no estaba satisfecho con mi existencia y pensaba que podría haber tenido mayores logros. Así, cuando mi colega suelta toda esa verborrea confrontando los resultados, el miedo y la falta de acción, mi mente se enganchó. De esta manera, cada vez que envías un mensaje a la mente de la gente, este germinará con mayor facilidad si las circunstancias de la persona se prestan para ello. Con esto quiero decir que no siempre vas a obtener la respuesta que esperas cuando usas esta herramienta. Recuerda la primera premisa de la Persuasión Empática: Todos podemos ser persuadidos, pero no por todos ni todo el tiempo.

¿Y POR QUÉ NO DAR EL MENSAJE DIRECTO? ¿PARA QUÉ TANTAS VUELTAS?

Las razones pueden ser variadas dependiendo de la sensibilidad del oyente y de la seguridad del hablante. Imagina que cuando reconoces la labor de una de tus trabajadoras, ella se incomoda un poco. Por ello, mejor decides hacerlo a través de historias con mensajes al inconsciente.

De manera directa:

—Felipa, hiciste un buen trabajo. ¡Felicidades!

De manera indirecta:

—Ayer mi hijo me pidió que revisara si había hecho bien su tarea. Noté que sí y le dije: *Hiciste un buen trabajo. ¡Felicidades!*

En el primer enunciado, la Felipa, seguramente responderá diciendo "gracias" o algo parecido. En el segundo enunciado, podría hablar de sus hijos o podría felicitar a su jefe por ser buen padre o podría alabar al hijo del jefe, etc. La cuestión es que su mente consciente se perdería en la historia, pero su mente inconsciente habría recibido el mensaje. Ahora imagina cuál sería el resultado si repites la misma estructura en varias historias que le cuentas a La Felipa.

Hay gente a quien no le gusta recibir cumplidos porque no creen que los merezcan. Cuando alguien les menciona que lo han hecho bien, se incomodan y preferirían pasar inadvertidos. Otras personas podrían tomarlo a mal, pensar que detrás del cumplido existe una intención perversa. En mi libro, "La llave secreta para influir la mente de una persona", dentro del Principio de Empatía, tengo un par de capítulos donde explico cómo hacer cumplidos directos y también indirectos. Si quieres profundizar en el tema, te recomiendo que le des una leída.

Un aspecto importante que debes ponderar, es que el mensaje dado al oyente tiene que ser consecuente con la historia. Tampoco debe ser tan directo que sea evidente lo que haces. Si hablas con El Chuy y le dices:

—Ayer me encontré a un tipo en la calle que me gritó: *¡Eres un idiota, Chuy!* Yo pensé "¿qué pasa?, ni siquiera me llamo Chuy".

Te aseguro que El Chuy tendrá claro qué pasó. Ojo, lo anterior es un ejemplo extremo de lo que NO debes hacer. La idea no es que aproveches estas herramientas para ofender o lastimar a las personas.

Siguiendo con el mismo ejemplo, el mensaje también debe ser consecuente con la historia. Lee con atención:

—El otro día, Chuy, fui a tomar un café con mi hermano y le dije al mesero: *¡Eres un idiota…!* La pasamos bien con mi hermano.

Es posible que la primera reacción de El Chuy sea confusión, porque tratará de comprender qué tiene que ver con la historia aquello que comentaste al mesero. Tal vez podría preguntarte cuál es la relación de lo que dijiste al mesero con el hecho de estar con tu hermano. Si repites la misma acción en otras conversaciones, es muy probable que con el tiempo comprenda el patrón en tus historias y descubra que quieres ofenderlo.

También necesitas cuidar que la historia no sea la misma o muy similar a la realidad del oyente. Uno de mis clientes, que también es entrenador, sentía cierto celo profesional hacia a mí. Salvo ese detalle, era mi cliente y juntos hacíamos un buen trabajo. Él tenía la costumbre de jugar con su lenguaje creando historias donde era muy evidente el mensaje. Cuando yo acababa de lanzar mi primer libro, dije a un grupo de personas, incluido él, que en un año podría ser buena idea publicarlo en inglés para llegar a más mercados. Luego, divagué un poco con mis sueños e ideas. Mi cliente, cuando terminé mis divagaciones, dijo:

—Le pasa igual a mi esposa, su mente empieza a viajar para crear muchos productos en inglés. Yo le digo: *¡Déjate de sueños y primero has que las cosas funcionen con lo que tienes!*

A pesar de que soy consciente de lo que hace, no me interesa responder usando las mismas herramientas, porque considero que el uso correcto del lenguaje es un arma blanca con la que puedes lastimar a una persona. Conversar con alguien que no sabe sobre lenguaje ni lo que sus palabras hacen en la mente, para mí es como si un boxeador quisiera pelear con alguien que no sabe ni dar un golpe. Y digo "quisiera" porque eso ni siquiera sería una pelea. El hecho de que puedas destrozar lingüísticamente a alguien, no te da el derecho de hacerlo. Si mi colega usa sus herramientas de ese modo y de manera tan evidente, es un problema de él.

Ahora te voy a dar algunas ideas de mensajes que puedes enviar a la mente de la gente, de acuerdo con diferentes situaciones, para que te sea más claro cómo hacerlo:

Para tus colaboradores

- Haces un buen trabajo
- Necesitas comprometerte más
- Trabaja de modo más productivo
- Deja de perder el tiempo y trabaja
- Tú podrías crecer más de lo que habías pensado

Para tu jefe

- Eres un excelente líder
- Si dejaras de gritar la gente te seguiría
- Escucha a tu equipo
- Confía en tus trabajadores
- Dependemos de tus decisiones, así que decide con inteligencia

Para la persona que te gusta

- Eres muy atractivo
- Tú y yo haríamos una gran pareja
- Quiero una relación seria contigo
- Cuando me conozcas más, te vas a fascinar
- Tengamos una cita

Para tu pareja

- Siempre he estado enamorado de ti
- Es importante que le pongas más atención a tu pareja
- Quieres pasar más tiempo en pareja
- Tu familia te ama y te necesita
- Te voy a castrar si sigues de coqueto

Para tu cliente

- Sabes que somos la mejor opción
- Confías en mí
- Sabes que ya no tienes que buscar en otro lado
- Te acompañamos en todo el proceso
- Ya págame lo que me debes

Tal como mencioné hace un momento, solo son ejemplos para que surjan ideas en ti. No vas a usar las cinco frases al mismo tiempo ni tampoco vas a repetir la misma oración en todas las historias. Sería raro que cada historia incluya a alguien que dice: *ya págame lo que me debes.*

Recuerda que siempre debes dar el mensaje en **el singular de la segunda persona, o sea, tú.** Asimismo, ten presente que la repetición te ayudará a crear de mejor manera el efecto que deseas. Pocas veces tendrás la reacción que estás esperando al contar solo una historia. Por ello, necesitas encontrar diferentes formas de decir lo mismo y con distintas historias. Por ejemplo, quiero que mis lectores sepan que contar historias es muy sencillo si practican lo suficiente. Así que les contaré cinco historias diferentes donde voy a incluir las siguientes frases:

- Contar historias es muy sencillo cuando practicas.
- Cuanto más practicas, más sencillas son las cosas.
- Sin práctica, no hay beneficios.
- La práctica hace al maestro.
- Si te cuesta trabajo es porque no has practicado lo suficiente.

A partir de las frases anteriores, voy a encontrar qué historias conozco donde se puede incluir cada oración, de modo que haga sentido. Antes de empezar, lo que yo hago es pensar en la historia y asignar una palabra para recordarla. Si es una historia de mis vacaciones en la montaña, escribo "montaña". Luego busco la siguiente historia y hago lo mismo. La secuencia sería la siguiente:

- Curso
- Guitarra
- Sexo
- Abuelo
- Bandler

Seguramente para ti no tiene sentido ninguna de las palabras anteriores, pero a mí me recuerdan la historia que quiero contar. Lo que hay que hacer ahora, es escribir la historia o contársela al espejo, para incluir la frase que corresponde a cada cual. Veamos cómo queda el ejemplo:

Historia: Curso

Oración por instalar: Contar historias es muy sencillo cuando practicas

Desde mi adolescencia, he sentido una fuerte atracción sobre qué piensa la gente y cómo lo hace. En mi cabeza, siempre ha reinado la idea de saber más de ti que tú mismo. Ello me ha llevado a aprender muchas disciplinas, pero la que más me ha servido es la Programación Neurolingüística. Y la parte de esta que me encanta es la hipnosis conversacional.

En una de las certificaciones que tomé, me enseñaron cómo contar historias. Eso me fascinó porque ya había sido testigo del efecto que las historias habían tenido en mi mente. El entrenador que me enseñó es polaco y forma parte de los mejores entrenadores en el mundo; de hecho, en Polonia es considerado como el Psicólogo más famoso. Su nombre es Mateusz Grzesiak. Escucharlo hablar era toda una experiencia. Su habilidad mientras conversaba, daba la impresión de que era algo muy sencillo. En una ocasión le compartí que tenía la sensación de que jamás tendría la maestría que él poseía. Me dijo:

—Tú debes comprender que "contar historias es muy sencillo cuando practicas". Así que mejor sigue practicando lo que estás aprendiendo.

Al inicio, imaginé que no sería tan sencillo como me dijo; sin embargo, mientras avanzaron los días, noté cierta mejoría. En cada receso y cuando salíamos a comer, mientras conversaba con mis compañeros, trataba de practicar la manera de contar mis historias. Debido a que no tenía práctica, necesitaba tomarme un tiempo para organizar mis ideas en la mente y saber qué historia contar y con qué fin. Parecía que estaba empezando a hablar. Por las noches, cuando regresaba a la habitación del hotel, me ponía a planear historias para probar al día siguiente. Ahora las cosas son muy diferentes.

Historia: Guitarra

Oración por instalar: Cuanto más practicas, más sencillas son las cosas

Cuando vivimos la pandemia del coronavirus en la primera mitad del año 2020, mi hijo Rommel estaba en tercero de secundaria y dejó de asistir a clase porque hubo cuarentena. Es curioso pero, cuando yo estaba en tercero de secundaria, también suspendieron las clases por poco más de un mes. En esa ocasión fue por protestas de los profesores que hicieron huelga.

Durante el tiempo que pasé sin tener actividades escolares y sin el glorioso internet que ahora sí tiene mi hijo, viví muchos días de aburrimiento total. Finalmente, decidí aprender a tocar la guitarra, porque uno de mis primos tenía cierta habilidad en ello: fue mi profesor durante un mes. No sé si sabes tocar la guitarra o si alguna vez lo intentaste, pero para mí hubo cuatro retos que vencer: apretar las cuerdas del modo correcto en cada pisada; cubrir todas las cuerdas con el dedo índice en una pisada, eso era complicado; lograr las pisadas con una sola mano y crear un ritmo con la otra mano; coordinar todo lo anterior con el canto.

Si piensas en aplicar todo al mismo tiempo y de modo correcto, vas a perder. De hecho, mi primo veía mi frustración al tratar de coordinar todo y me dijo:

—Toma primero un elemento y practica, ya que lo tengas, practica otro elemento y así con todo. De ese modo es como te das cuenta de que "cuanto más practicas, más sencillas son las cosas".

Así lo hice y pasó algo curioso. Yo, cuando tocaba la guitarra, tenía la impresión de que todavía no se escuchaba bien, pero la gente me decía que sí se oía de modo correcto. Es decir, después de tanto practicar, lo logras y ni siquiera te das cuenta.

Historia: Sexo

Oración por instalar: Sin práctica, no hay beneficios

Mis padres se separaron cuando yo tenía 13 años. Recuerdo que fue complicado y muy doloroso para mí. Sobre todo porque me quería ir con mi papá, pero él no tenía ni dónde vivir. Así que nos veíamos cada sábado.

Mi hermano y yo estudiábamos computación los sábados en la mañana y salíamos a las dos de la tarde, que era la hora de la comida. Mi papá pasaba por nosotros. Nos llevaba a comer, a veces al cuarto que rentaba en una vecindad, otras a alguna fonda y unas más con alguno de sus amigos, cosa que yo detestaba porque quería estar con él, no con los hijos de sus amigos.

En una ocasión nos llevó a visitar a un viejito llamado Jaime. Ese señor fue muy promiscuo durante toda su vida, así que, dado que éramos puros hombres, le pareció oportuno contar sus vivencias sexuales. Mi papá solo hacía

caras de desaprobación, pero Jaime decía "si en el trasero ya tiene cabello, ya debe saber de ello". La frase que más repetía era:

—"Sin práctica, no hay beneficios". Grábatelo bien, sin práctica no hay beneficios.

No sé si fue correcto escuchar a los trece años todo lo que este señor hizo. Hay historias que me impactaron y aún recuerdo, pero algo sí fue cierto para él: practicar trajo sus beneficios.

Historia: Abuelo

Oración por instalar: La práctica hace al maestro

Cada vez que veo a mi mamá interactuar con mis hijos, me lleno de amor. A mí, me hubiera gustado convivir así con alguno de mis abuelos, pero no vivían en la misma ciudad. Además, mis abuelos, por el lado de mi mamá, tenían muchos nietos, y mis abuelos por el lado de mi papá, eran raros.

Los cuatro ya fallecieron, pero a quien más recuerdo es al papá de mi papá. Mi abuelo fabricaba ácido para el tratamiento de mezquinos. El lugar donde los vendía era en los mercados ambulantes, razón por la cual no necesitaba estar en alguna ciudad todo el tiempo. Así que varias veces fue a visitarnos y se quedaba un mes en la casa de mis padres. En la mañana, muy temprano, se iba al mercado. Regresaba antes de la hora de la comida y se ponía a llenar pequeños frascos con ácido para recuperar el inventario de lo que había vendido en el día. A pesar de que manipulaba ácido, lo hacía con gran destreza; a mí me daba un poco de miedo. En una ocasión le ayudé, pero él notó mi temor y me dijo:

—Con calma, "la práctica hace al maestro", tengo mucho tiempo haciendo esto y te aseguro que la práctica hace al maestro.

Después de la comida, mi abuelo se iba al centro de la ciudad a pasear. Regresaba por la noche y siempre, cada noche, traía pan de dulce con leche para merendar. ¡Uf! ¡Qué delicia! Mis papás casi nunca nos compraban pan de dulce (no sé la razón), pero cuando mi abuelito nos visitaba, era un delicioso mes de merendar pan.

Historia: Bandler

Oración por instalar: Si te cuesta trabajo es porque no has practicado lo suficiente

Antes de tomar el primer curso para aprender Programación Neurolingüística, ya había leído algunos libros al respecto. Por ello, conocía el nombre de sus creadores: Richard Bandler y John Grinder. Si bien había leído los nombres, no me los sabía de memoria. Bastó asistir a cursos y certificaciones para que quedaran completamente instalados en mi mente: "que Richard Bandler dice, que John Grinder dice, etc., etc., etc.".

El entrenador a quien recuerdo que contaba más historias de ellos, era Raymundo Forcada, la primera persona con quien estudié esta disciplina y de quien aprendí bases sólidas. Cuando lo conocí, él era un hombre ya maduro. Tenía el cabello con algunas canas y tenía barba, la cual también tenía partes blancas. Era de estatura baja, muy sonriente y siempre estaba contando historias. La primera vez que lo vi fue hace casi quince años y hoy se ve igual; no parece que haya cambiado en nada. Es muy agradable.

Tengo presente varias de sus historias, pero hay una donde mencionó que Richard Bandler dijo:

—"Si te cuesta trabajo es porque no has practicado lo suficiente"; practica, practica, practica hasta que se convierta en una acción inconsciente.

Hasta ese momento, yo no había pensado en que, cuando tienes total dominio de algo, al momento en que lo desarrollas lo haces ver como si fuera muy sencillo, pero la habilidad viene de practicar mucho. Yo creía que lo que era difícil, es porque así era y siempre lo sería. ¿Te imaginas? Escuchar esa frase y darte cuenta de que todo lo que parece difícil, un día dejará de serlo. Eso me dio inspiración para seguir adelante con mis prácticas.

Querido Amante de la Persuasión, nota que después de mencionar el mensaje, continué la conversación para que la mente del oyente se vaya con la historia. Si dices el mensaje y luego te quedas callado, el oyente tendrá la impresión de que ahora le toca hablar a él. Para tal acción, tomará lo que esté más a su disposición en ese momento, que en este caso será la frase que acabas de mencionar. Dependiendo del mensaje, el oyente podría sospechar lo que estás tratando de hacer. Cuando continuas con la historia el oyente se perderá en ella, aunque en el momento tenga la impresión de que le estás dando un mensaje directo.

Otro aspecto es que en una conversación, fluyes de un tema a otro y de una historia a otra, por eso, cuando termines tu historia, sigue hablando del tema. Si ya no tienes más historias relacionadas, no importa, solo continúa la conversación como normalmente lo haces. Es posible que al inicio sientas que no estás actuando normal y menos mientras cuentas tu historia, pero la mayoría de las veces la gente no se da cuenta de lo que estás haciendo.

Amnesia inducida

Te voy a compartir cómo puedes influir amnesia de manera muy sencilla cuando terminas de contar una historia donde hiciste alguna instalación. La amnesia es para que, en el momento, la persona quite su atención de la historia que acaba de escuchar y no tenga oportunidad de reflexionar el porqué de la manera en que hablas. Después, será difícil que recuerde todo lo que dijiste. Las formas en que yo lo hago son: por continuidad y por rompimiento.

Por continuidad: Lo que hago es seguir hablando sobre el tema. Es lo que te recomendé hace un momento. La idea es llevar de manera gradual el tema a otra cosa. En la última historia, donde menciono lo que dijo Richard Bandler, al terminar la narración puedo vincular la conversación con otra historia parecida que me permita mover el tema. Podría ser algo así (citaré de nuevo la última parte de la quinta historia para que veas cómo hago el puente), pon atención para que no te vayas con la historia y notes lo que hago:

-Si te cuesta trabajo es porque no has practicado lo suficiente; practica, practica, practica hasta que se convierta en una acción inconsciente.

Hasta ese momento, yo no había pensado en que, cuando tienes total dominio de algo, al momento en que lo desarrollas, lo haces ver como si fuera muy sencillo, pero la habilidad viene de practicar mucho. Yo creía que lo que era difícil, es porque así era y siempre lo sería. ¿Te imaginas? Escuchar esa frase y darte cuenta de que todo lo que parece difícil, un día dejará de serlo. Eso me dio inspiración para seguir adelante con mis prácticas.

Fíjate, eso lo he vivido con mi hijo. Cuando recién compramos una consola de videojuegos, yo le tuve que enseñar cómo usar los controles. Después de algunos años, ahora es él quién me dice cómo jugar. Y eso que a mí me apasionan los videojuegos: soy gammer. ¿Te gustan los videojuegos o qué te apasiona a ti?

A partir de esta pregunta, la mente del oyente moverá su atención al nuevo tema. Tal como puedes notar, no hubo un final de la historia que fuera marcado, porque el flujo de mi conversación continuó hasta que llevé al oyente a otro tópico.

Por rompimiento: De manera radical, cambias el tema con alguna pregunta. Pon atención para que no te vayas con la historia y notes lo que hago. Podría ser algo así:

-Si te cuesta trabajo es porque no has practicado lo suficiente; practica, practica, practica hasta que se convierta en una acción inconsciente.

Hasta ese momento, yo no había pensado en que, cuando tienes total dominio de algo, al momento en que lo desarrollas, lo haces ver como si fuera muy sencillo, pero la habilidad viene de practicar mucho. Yo creía que lo que era difícil, es porque así era y siempre lo sería. ¿Te imaginas? Escuchar esa frase y darte cuenta de que todo lo que parece difícil, un día dejará de serlo. Eso me dio inspiración para seguir adelante con mis prácticas.

¿Quieres comer algo? Perdona, ni siquiera te pregunté si ya habías comido. Tengo un amigo que, cada vez que visita a un miembro de su familia, tiene que comer en esa casa. El problema es que, en el pueblo donde vive su familia, tres tías son vecinas, pegaditas. Si entras a la casa de una, tienes que entrar a la casa de la otra y de la otra. ¡Terminas rodando de tanto comer! Dime, ¿qué te ofrezco?

El tema es lo de menos, lo importante es que la pregunta rompe la secuencia de pensamientos del oyente. Sería prudente que la pregunta dé tema para crear otra conversación… para no parecer raro. Imagino que si preguntas "¿Has viajado a la luna?", aparte de romper la secuencia de pensamiento del oyente, lo dejarás pensando qué pasa contigo. En algunos contextos podría funcionarte, aunque no siempre, porque algunas personas lo tomarían como una broma y podrían regresar al tema anterior.

En pocos casos, me ha sucedido que, aún después de tratar de inducir amnesia, la gente tiene muy presente algún comentario o pregunta. Cuando se dan cuenta de que el tema va para otro lado, te regresan. Sin embargo, lo que tienen que agregar o la pregunta que necesitan hacer, nunca está relacionada con el mensaje que recibió su mente inconsciente. Entonces, no te preocupes de que pudiera suceder.

Guía de prácticas

1. Piensa en un mensaje que quieres darle a una persona y escríbelo.
2. Redacta el mensaje de cinco maneras diferentes.
3. Encuentra una historia —por cada versión de tu mensaje escrita en el punto 2— donde puedas mencionar que alguien dijo el mensaje. Usa una palabra para acordarte de cada historia.
4. Escribe la historia. Verifica en cada historia que el mensaje esté en segunda persona y que no sea la parte final de esta.
5. Ve y cuenta tus historias.

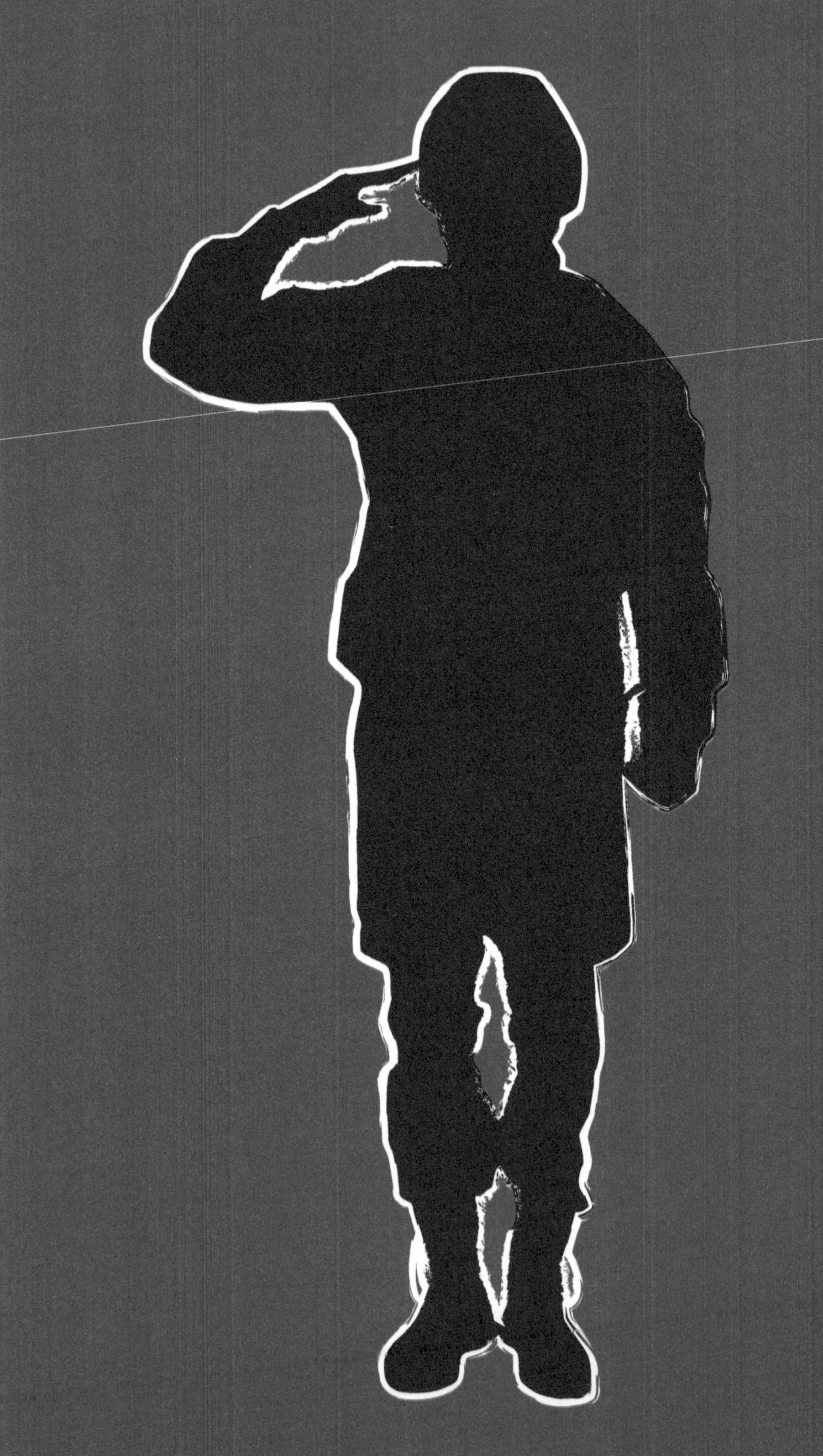

TÉCNICA 3

CÓMO DAR ÓRDENES ENCUBIERTAS

"Tu mente inconsciente siempre está procesando la información que recibe, sin emitir juicios"

La manera en la que vamos a usar las historias para dar órdenes al inconsciente, es exactamente la misma que te acabo de explicar en el capítulo pasado. La diferencia radica en que ahora te vas a asegurar de que la frase dicha por el personaje de la historia sea una orden.

Te expliqué antes también que era conveniente dar el mismo mensaje al menos cinco veces y que, dicho mensaje, debería ser expresado de diferente modo. En el caso de dar órdenes, usaremos la misma oración.

Imagina que tu hijo adolescente nunca tiende su cama. Ya has hablado con él. El asunto suele terminar en pelea. ¿Cuál sería la orden que deseas introducir en tus historias? Seguramente pensaste en "tiende tu cama", pero eso no sería conveniente.

Cada vez que cuentas una historia estás haciendo una analogía. Relacionas algo que el oyente está viviendo con una situación hipotética que contiene semejanzas. Si cuentas una historia sobre alguien que no tendía su cama y una figura de autoridad le decía "ya tiende tu cama", tu adolescente sabrá a qué te refieres. Es demasiada directa la analogía.

Hay dos posibilidades para prever está situación. La primera es subir la categoría del comportamiento. La segunda es tomar otros elementos de la misma categoría. Con la finalidad de hacerlo más sencillo para ti, querido Amante de la Persuasión, pensemos que "tender la cama" forma parte de la categoría de deberes u obligaciones. Con esta idea, te explicaré cómo expresar tus órdenes encubiertas.

La primera manera sería que las historias contengan la orden "haz tus deberes". Así, la cantidad de historias donde puedas introducir este elemento son muchas. Sería conveniente tener la precaución de que las historias sean de su interés, pero que no hablen de adolescentes ni sobre deberes en la casa. La historia podría ser algo así:

Una película que me gustó mucho es Forrest Gump[4]*. Es la historia de un hombre que, no sé si decir que era demasiado inocente o era tonto. La situación medular con este caballero, es que a pesar de tener esa condición donde todos lo calificaban de idiota, se hizo millonario. Dice el Dr. Miguel Ruiz en su libro Los 4 acuerdos, que este personaje tuvo todos esos logros por una sola razón: siempre hacia lo máximo que podía. Yo agregaré que fue porque se concentraba en una sola actividad de modo consistente hasta desarrollar una habilidad que saliera de la media. Es como si tuviera una voz en su cabeza que le dijera todo*

4 Finerman, W., Tisch, S., Starkey, S. (productores). Zemeckis, R. (director). (1994). *Forrest Gump* (cinta cinematográfica). EEUU: Paramount Pictures.

el tiempo "haz tus deberes". Escuchó esa voz y antes de cumplir treinta años ya era millonario y hacía lo que más disfrutaba: podar el césped del campo de fútbol en su pueblo, con una podadora a la que se subía y manejaba como si fuera un coche.

En la segunda manera, lo que vas a hacer será tomar otros elementos de la misma categoría. Si "tender tu cama" está dentro de obligaciones y deberes: ¿qué otras acciones pueden considerarse obligaciones o deberes? Muchas: hacer reportes, hacer llamadas, practicar algo, enviar algún mensaje, llenar un formulario, responder un mail, escribir un documento, responder llamadas, etc., etc., etc. Lo anterior te da la posibilidad de tener más opciones para tus historias. Tu mente crea un puente que conecta una estructura con otra. Si la historia habla sobre "hacer un reporte" como parte de una obligación que tiene una persona, el oyente se identificará, reaccionando del mismo modo en que lo hace ante sus obligaciones. Cuanto más se parezca la estructura a su experiencia, mayor será el grado de asociación que tendría el oyente. La historia podría ser algo más o menos así:

A la edad de 21 años fui contratado como representante en el laboratorio GlaxoSmithKline. Pertenecía a la zona del bajío, sin embargo, mi jefe tenía a su cargo también la zona de occidente, por ello, las juntas de trabajo eran en la ciudad de Guadalajara. Me encanta esa ciudad, así que cada mes cuando iba, lo hacía feliz y emocionado.

Desde siempre me han gustado las reuniones de planeación. Cuando estaba en la preparatoria, dirigía una rondalla con unos amigos y la dirección nos prestó una oficina privada, pequeña, para que hiciéramos nuestras reuniones. A esta oficina no podía entrar cualquiera, solo los líderes, por supuesto.

En GlaxoSmithKline, cada semana teníamos que mandar por mensajería postal el reporte de nuestras actividades diarias. Esa acción la realizaba cada día sábado, de modo que el lunes por la mañana mi jefe tenía toda la información de lo que había realizado la semana anterior y de lo que iba a hacer en la semana que corría. Ese reporte formaba parte de las actividades de mi puesto. Era mi deber hacerlo, por eso nadie tenía que decirme "haz tu reporte".

Cuando estaba en las reuniones del trabajo, varios de mis compañeros me culpaban por recibir constantes zurras cada semana. Ellos no hacían su reporte y los lunes que llegaba el mío, mi jefe empezaba a corretear a todos los demás diciéndoles: "haz tu reporte, haz tu reporte, haz tu reporte".

En cierta medida, entiendo a mi jefe porque, cuando yo dirigía la rondalla, también tuve que andar atrás de dos o tres participantes diciéndoles "haz tu práctica, haz tu práctica, haz tu práctica", si no, no podían acompañarnos a las presentaciones que teníamos. Pero lo que más me gustaba de la preparatoria, era divertirme con mis amigos y las muchachas.

Es normal que necesites un poco de tiempo para pensar cuál podría ser la historia que deseas contar. También podrá ocurrir que tengas varias opciones, pero no sepas cuál resultaría más atractiva para el oyente. A mí, aún me pasa que la historia más agradable tarda un poco en llegar a mi mente. Es conveniente que no haya distractores mientras estás organizando tus ideas, de lo contrario, la historia podría tardar mucho o quizá nunca lo haga.

¿Notaste que en la historia del laboratorio introduje la historia de la rondalla? En los próximos capítulos sabrás por qué razón lo hice. Mi objetivo es que, conforme vayas avanzando en el libro, integres la mayor cantidad de elementos a tus historias. Lo primero que has aprendido de las historias es a influir estados emocionales, ¿cuál crees que es la razón de que lo haya enseñado primero? Toda historia necesita estar impregnada de emociones o de lo contrario nada va a funcionar.

No quiero que te emociones mucho, pero lo que estás por leer hará que puedas bombardear la mente de la gente sin que esta sea consciente, haciendo diferentes instalaciones mentales encaminadas a crear un comportamiento específico. Querido Amante de la Persuasión, sigue leyendo y poniendo en práctica lo que aprendes para que tomes mayor maestría.

Guía de prácticas

1. Piensa en una orden que quieres darle a una persona y escríbela.
2. Identifica en qué categoría está la acción que quieres que realice el oyente.
3. Encuentra cinco historias en las que puedas mencionar que alguien dijo la orden que quieres dar. Usa una palabra para acordarte de cada historia.
4. Escribe las historias. Verifica en cada historia que la orden esté en segunda persona y que no sea la parte final de la historia.
5. Ve y cuenta tus historias.

TÉCNICA 4

CÓMO GENERAR COMPORTAMIENTOS

"Eres el resultado de los comportamientos que has visto con mayor frecuencia"

Soy un afortunado padre de tres hijos. Mi increíble hija Sony de 15 años, mi imponente hijo Rommel de 14 años y mi sorprendente hijo Aklar de 2 años. Cuando el más pequeño nació, la dinámica de mi familia cambió más de lo que podría imaginar. Por un lado, con todo el conocimiento que ahora tengo, es emocionante observar cómo mi hijo menor va desarrollando sus habilidades. Por otro lado, ¡qué difícil es integrar adolescentes con un bebé!

Uno de los principales temores de mis hijos mayores era que tuvieran que cuidar a su hermano. Ellos pensaban "no es mi hijo, ¿por qué lo tengo que cuidar?" Tienen razón. Así que desarrollé cierta dinámica familiar para que los grandes fueran respetados y valorados igual que el pequeño. Vamos, que Aklar no tuviera mayores concesiones solo por ser más pequeño, al menos no en todo. La principal es que el bebé no puede obligar a sus hermanos a prestarle sus cosas. Incluso cuando llore y haga berrinche. Eso sí, hablan con el pequeño y le dicen algo así: "esto es mío y ahora no quiero prestártelo". Esta acción no pasa todo el tiempo ni con todas sus cosas, aunque sí con aquello que Aklar puede descomponer.

Mi hijo pequeño está comenzando a hablar, y como era de esperarse, dentro de su reducido vocabulario están dos frases: "e mío" y "no quelo". ¿Cómo lo aprendió? Observación y repetición. Él no es consciente de este proceso, pero su mente aprendió que, cuando una persona no quiere algo, lo que tiene que estructurar su lenguaje es "no quelo". Al mismo tiempo, comprendió el sentido de propiedad. Cuando no quiere compartir sus juguetes, comida o lo que sea, su lenguaje debe expresar "e mío". Primero lo observó en sus hermanos, después, la repetición hizo que se grabara en su mente.

Imagina que vas conduciendo un coche. De repente, otro conductor se mete a tu carril frente a ti de modo imprudente. Frenas rápido para evitar chocar. ¿Cuál es la reacción más común que debes tener ante ese evento? Habrá gente que suene la bocina del coche. Algunos incluirán insultos hacia el otro conductor. Unos cuantos solo estarán agradecidos de haber frenado a tiempo. ¿De qué dependerá tu comportamiento? De lo que tu mente tenga programado.

A través de historias, puedes moldear el comportamiento de una persona para que reaccione como deseas que lo haga; siempre y cuando no vaya en contra de sus valores y creencias nucleares. La manera de hacerlo es contando historias donde el protagonista se encuentra en situaciones parecidas a las del oyente, pero con el nuevo comportamiento que quieres instalar y teniendo múltiples beneficios por ello.

Por darte un ejemplo. Cuando daba cursos de seducción para caballeros, les contaba decenas de historias donde un hombre (yo o alguien más), comenzaba a hablar con una mujer desconocida. Eran diferentes historias, pero la estructura principal era: un hombre que le hace plática a una mujer que no conoce. Cada historia tiene un escenario diferente, pero la constante se mantiene. De modo que la mente de mis alumnos creaba la película de cada historia y observaba de manera repetida el mismo comportamiento. ¿Qué crees que se les venía a la mente primero al ver a una mujer que les parecía atractiva? Hablar con ella.

No funcionaba con todos. Había algunos que se saboteaban por inseguridad, a pesar de concluir que debían hablar con la mujer y de saber qué decir. Con este tipo de alumnos aplicaba algunas herramientas adicionales.

Para que esta herramienta dé un mejor resultado, el oyente no debe saber que tienes la intención de influirle para que reproduzca cierto comportamiento. Mis alumnos de seducción pensaban que les estaba contado historias, quizá como ejemplos o demostraciones, pero te garantizo que no se imaginaban que estábamos instalando ideas y comportamientos dentro de esas historias.

Si quieres que tu hijo adolescente tienda su cama y, después de muchos intentos fallidos, le cuentas historias de personas que, por tender su cama en la mañana, recibían muchos beneficios; no va a funcionar. Él va a bloquear tu instalación. Lo mismo ocurre si a cada rato le dices a un trabajador que llegue a tiempo la hora de entrada y luego le cuentas historias sobre la gente puntual. Notará de qué hablas.

El mejor proceso para lograr que una persona tenga el comportamiento deseado por ti, sería contar historias primero. Luego, si no reacciona como lo deseas, pedirlo de manera directa. Si no cambia su comportamiento, no hagas nada por un tiempo. Después, comienza de nuevo a contar historias, pero observando qué tan receptivo es el oyente. Hay gente que tiene comportamientos que marcan su personalidad. Modificar ese comportamiento tendría que cambiar una creencia nuclear. Si una de las características de mi manera de ser es llevar la contra de todo, no va a funcionar mucho si me cuentas historias en las que no llevo la contra.

Cada una de las historias que cuentes para influir nuevos comportamientos, debe contener:

1. El nuevo comportamiento ante una situación específica.
2. Consecuencias desagradables del viejo comportamiento y/o consecuencias deseadas y beneficios del nuevo comportamiento.

Por ejemplo, La Felipa quiere que su Chuy sea más cooperativo en las actividades del hogar. Ella quiere que, al menos, recoja lo que hay tirado en el suelo cuando vea algo. La analogía no debe ser muy directa, porque haría que El Chuy sospeche de las historias de La Felipa.

Las historias de ella pueden hablar de diferentes situaciones donde el protagonista recoge algo del suelo: basura para tirarla en un bote o un objeto para entregarlo a su dueño o algo que cayó de un estante para dejarlo en su lugar, etc. ¿Te puedes dar cuenta de que las opciones son varias y las posibles historias aún más? La Felipa podría decir:

Ayer, cuando fui al supermercado, había unos niños jugando. Corrían de un lado a otro. Por un momento me sobresalté porque pensé que podrían lastimarse. Lo más que pasó, lejos de mí, fue que tiraron un par de artículos, pero nadie lo notó. Como la mayoría de las personas, ni siquiera me pasó por la mente recoger los productos que quedaron en el suelo. Estaban lejos de mí y pensé en que no era mi obligación.

Luego vi una mujer que dio vuelta en el pasillo y, al lado de su camino, se encontró con los objetos tirados. Se detuvo. Los levantó. Tomó un tiempo para observar el anaquel y encontrar cuál era su lugar. Finalmente, los colocó en el sitio correcto. Me quedé pensando en que si todos hiciéramos lo mismo, la tienda estaría más limpia y la gente tendría menos trabajo realizando esa actividad, con lo que podría enfocarse en mejorar más el servicio. A mí, cuando estaba pequeña, mis papás no me dejaban andar corriendo en los centros comerciales, de hecho, ni cuando iba a las salas de cine donde todos los niños corrían... Hablando de cine, ¿quieres ir al cine, Chuy?

En la historia anterior, tenemos la estructura principal del comportamiento que queremos instalar. La mente de El Chuy tuvo que construir una película de la historia para darle sentido a las palabras. Bueno... eso si La Felipa no le contó la historia mientras él veía el Fútbol. Hasta aquí, La Felipa ya tiene cubierto el factor de observación. Su marido ha observado dentro de su mente el comportamiento. Ahora, la parte que resta es la **repetición**. En diferentes momentos, La Felipa contará historias con la misma estructura. Lo ideal es que La Felipa sature la mente de El Chuy en una sola conversación. Esto se consigue si ella cuenta más de cinco historias con la misma estructura de modo secuenciado; una después de otra. Lo importante ahí es que la historia contenga otros elementos de interés para que "recoger algo" no sea el centro de atención en cada historia. Te explicaré cómo hacerlo en el capítulo "Historias con hipnosis y amnesia".

Guía de prácticas

1. Selecciona qué comportamiento deseas instalar y a quién.
2. Encuentra varias historias donde puedas incluir el nuevo comportamiento y que la analogía no sea muy directa.
3. Escribe las historias. Verifica en cada historia que haya consecuencias negativas de no realizar el nuevo comportamiento y consecuencias positivas de sí hacerlo.
4. Ve y cuenta tus historias.

TÉCNICA 5

CÓMO INSPIRAR A LA GENTE

"La inspiración es una semilla que queda guardada en la mente y germina de modo incontrolable cuando la persona está preparada"

Inspirar a la gente a través de contar historias es un proceso parecido al de generar un comportamiento. No obstante, ahora vamos a tocar creencias más profundas para intentar **reprogramar la identidad del oyente.** En el capítulo pasado, tu interés era que el oyente hiciera algo en concreto; ahora, procuraremos cambiar su vida.

El tema para escribir mi primer libro lo tenía en mente desde tres años antes de sentarme y plasmarlo por escrito. La magia ocurrió cuando escuché a mi amiga Diana Alva contarme qué hacía ella para escribir su libro: me dijo qué programa de cómputo usaba para escribir, cómo fijaba sus objetivos, qué horario tenía, etc. O sea, me contó una historia que hablaba acerca de cómo una persona se organiza para escribir un libro... o mejor aún, cómo una persona se disciplina para lograr un sueño. Mi mente se quedó con la segunda idea.

Esa historia, muy breve por cierto, cambio mi vida para siempre. Imagínate que ahora mis principales fuentes de ingresos se derivan de libros: de mi agencia literaria y de mis libros publicados. Esa simple historia me inspiró y cambió mi identidad. Pero, ¿por qué funcionó?

Diana no tenía la intención de inspirarme para que yo escribiera un libro, mucho menos para que diera un giro a mi carrera profesional. Ella solo me compartió lo que estaba realizando, tal como lo hacemos cada vez que nos vemos. Si Diana no tenía la intención de inspirarme, entonces: ¿por qué funcionó?

Tu mente está atenta a las historias que escuchas, todo el tiempo, para bien o para mal. La gente que oyes hablar, por lo general, está contando historias. Esas historias están creando todos los efectos e instalaciones que aprendes en este libro. O sea, lo que te estoy mostrando, ya ocurre en tu vida, nada más te explico cómo usarlo. ¿Para qué? Para que lo aproveches y para que te protejas. La gente instala mierda mental todo el tiempo. ¡Nadie lo nota! ¡Es aterrador!

Yo tenía 19 años y financieramente me estaba yendo muy bien. Luego, un tipo me platicó la historia de un joven que murió de SIDA. Me dijo:

—Tú me recuerdas a Julio. Estaba muy joven y era igual a ti, fiestero y divertido, hasta moreno como tú. Ganó dinero y se compró un coche. Un par de años después murió de SIDA. Moreno, más dinero, más coche: igual a SIDA.

Me paró de golpe. Esa última oración se me quedó grabada por la carga emocional que generó en mí. Cuestioné mi vida. Pensé que podría morir también de SIDA. ¡Por Dios, tenía 19 años! Además de que la analogía fue muy directa. Quedé muy confundido.

No tengo idea de si el tipo hizo su comentario para molestarme o no, ya no importa. Lo trascendente es mostrarte que es irrelevante si eres consciente o no de lo que escuchas, de todos modos, esas historias pueden tener un gran efecto en ti.

La mejor técnica para que las historias negativas o mal intencionadas no te afecten es **NO ESCUCHARLAS**. Ciertamente, no siempre es posible, depende en su totalidad del entorno en el que decides vivir. Si te relacionas con personas que de todo se quejan, ¿qué tipo de historias vas a escuchar? Si te relacionas con personas que de todo se enojan, ¿qué tipo de historias vas a escuchar? Si te relacionas con personas alcohólicas, ¿qué tipo de historias vas a escuchar?

La segunda razón por la cual la historia de Diana pudo inspirarme, es porque yo estaba receptivo y me pude asociar. Pensé que si ella podía hacerlo, tal vez yo también. Luego, me imaginé cómo lo haría y ese pensamiento me resultó atractivo. Mientras escuchaba la historia, me imaginé escribiendo y después, con mi libro impreso en las manos. Unos días adelante, puse en marcha lo que había imaginado y resultó.

¿Y QUÉ PASA SI NO SE ASOCIA EL OYENTE?

Como estamos hablando de un cambio de identidad, es posible que el oyente ni siquiera haya pensado en que puede vivir de otra forma. De este modo, puede ser que, con la repetición, su mente lo lleve a la conclusión de que puede ser diferente. Otra de las situaciones es que, en lo que deseas inspirar a la persona choque de frente con su identidad. De modo que es difícil que se asocie a la idea… difícil, pero no imposible. Si una persona ve, de modo constante, videos de peleas callejeras por problemas menores, mientras que pelear no forma parte de su identidad, lo más probable es que no se enfrente a nadie cuando tenga un problema andando fuera de su casa. Sin embargo, su mente sí ha aprendido la estructura de las historias que ve. Sabe que, cuando hay un problema en la calle entre dos personas, termina en golpes. Si la persona no es peleonera, no buscará el conflicto físico, pero estará pensando que la otra parte sí lo hará. Eso aprendió su mente. Entonces, la misma secuencia de historias (videos de peleas callejeras), para unas personas inspirará miedo pasivo, para otras inspirara miedo reactivo y pocas se mantendrán neutrales.

Es importante que siempre inspires a las personas enfocándote en los beneficios de lo que sí quieres que hagan. Me explico: si hablo con empleados y, para inspirarlos a ser emprendedores, les digo todas las desventajas de ser empleado, la gente se quedará con una de las siguientes tres ideas:

1. ¿De qué habló este tipo?
2. Quiero ser emprendedor
3. ¡Qué mierda ser empleado!

La tercera es la preocupante. Es gente que no quiere dejar de ser empleada y ahora tiene un problema porque ve las desventajas de serlo.

Mismo caso, quiero inspirar a un grupo de empleados para que sean emprendedores. Entonces, hablo sobre los retos que implica emprender mientras hago énfasis en los beneficios de hacerlo. También tendremos tres diferentes ideas:

1. ¿De qué habló este tipo?
2. Quiero ser emprendedor
3. ¡Qué mierda ser emprendedor!

¿Notas la diferencia? La persona que no desea emprender no estará en conflicto por mantener su trabajo.

El caballero que me contó la historia del joven que murió de SIDA, podría haberme contado una historia sobre un joven que era como yo, que invirtió su dinero correctamente y a los 30 años ya tenía libertad financiera… pero no lo hizo.

Al igual que en las técnicas anteriores, contar muchas historias con la misma estructura, incrementa las posibilidades de que logres tu cometido. Así que necesitas definir con claridad hacia dónde quieres llevar la inspiración del oyente. En este punto, no estamos hablando de una acción, sino de un conjunto de comportamientos, que es parte de la identidad del oyente. Es decir, pretendemos influir el entendimiento de alguien y mover su voluntad.

Todo lo que haces tiene un significado para ti. Lo realizas por un propósito mayor: seas o no consciente de cuál es ese propósito. Más allá de que el propósito sea positivo o parezca algo glorioso, tus acciones y comportamientos se encaminarán hacia este. Para no ir muy lejos, piensa ¿para qué estás leyendo este libro? Toma un momento para responder la pregunta. Es posible que te hayan llegado ideas parecidas a estas: para influir contando historias, para mejorar mi comunicación, para ser más atractivo, para influir a la gente, para mejorar mi liderazgo, etc. Sin importar cuál haya sido tu respuesta, esa es la primera capa. Ahora responde: ¿y para qué quieres eso? Ya que tengas le respuesta, vuelve a preguntarte: ¿y para qué quieres eso? Continúa preguntándote lo mismo y llegarás a algo más profundo.

A modo de ejemplo te comparto mi caso al escribir este libro:

¿Para qué escribo este libro?

Porque quiero que la gente sepa cómo influir contando historias.

¿Para qué?

Para que sepan cómo funciona la mente y sepan qué ocurre cuando hablan.

¿Para qué?

Para que no instalen mierda en la mente de otras personas y para que no los puedan engañar fácilmente.

¿Para qué?

Para que la gente no sufra más de la cuenta.

¿Para qué?

Para que no se enganchen con malas historias como me pasó a mí.

¿Para qué?

Para que no sufran o lo hagan con menor intensidad y menor frecuencia.

En este punto, llegamos a un círculo que marca la mayor profundidad. Te comparto que hice este ejercicio justo en este momento, mientras escribía este libro; la respuesta que encontré no la conocía hasta ahora. Todo el trabajo que hago enseñando a la gente habilidades de persuasión, es porque quiero ayudar a las personas para que sufran menos. ¿Notas el propósito?

Será diferente que te diga lo maravilloso que es escribir un libro de técnicas de persuasión, a que te cuente lo maravilloso que es escribir una **saga de libros para ayudar a la gente con la finalidad de que sufra menos a través de cómo funciona su mente cuando hablan y cuando escuchan.** El enfoque no es enseñarte a manipular para conseguir lo que quieres, sino mostrarte el poder que tienen tus palabras **para que las uses con responsabilidad.**

Así, si quiero inspirarte para que escribas un libro o para que compartas tu mensaje, tendría que contarte la historia de cómo empecé a ayudar a las personas y por qué motivos.

La historia no tiene mayor truco porque se trata de tu pasión o de la pasión de alguna otra persona. Una vez más, contar varias historias con la misma estructura te ayudará a mejorar el resultado de las personas que estén más receptivas.

Cada vez que doy una Conferencia Magistral, cuento muchas historias que contienen la misma estructura, para asegurarme de que las personas correctas harán suyo mi mensaje y cambiarán su vida. ¿En qué momento harán el cambio? No lo sé. Esa es una de las características de la inspiración. Es una semilla que queda sembrada en la mente de la gente, pero no siempre la persona está lista para hacerla germinar. A veces se necesita de un gatillo para que el oyente despierte.

Cuando tenía 28 años, conocí a uno de los mentores que más impactó mi vida. Él tenía la misma edad que yo, pero ya había viajado por más de 120 países, tenía libertad financiera, hablaba 6 idiomas y había escrito 7 libros. ¡Cuestioné significativamente mi existencia!

Tengo bien identificadas dos semillas que sembró en mí a través de sus historias: viajar y escribir libros. La primera germinó muy rápido, pero la segunda tardó algunos años en cristalizarse y el gatillo que la activó fue escuchar a mi amiga Diana. ¿Comprendes cómo funciona?

Cuando hablamos de inspiración, no puedes forzar a la gente n i a su mente para que suceda lo que esperas. Sueltas el anzuelo con la esperanza de que funcione cuando tenga que funcionar.

¿Y CÓMO SE HACE?

Dado que se trata más de un estilo de vida que de una acción, solo debes buscar historias donde compartas las ventajas y bondades de actuar bajo dicho estilo. Por ejemplo, si deseo que una persona se inspire para trabajar mejor, puedo usar diferentes historias donde al protagonista obtiene buenos beneficios por hacer mejor alguna actividad. La historia puede ser tuya, de algún conocido, de algún famoso o de alguna película.

Ahora bien, es importante que no des tus conclusiones o la moraleja al terminar la historia. Ello podría hacer que el oyente sepa qué pretendes y levante una barrera al respecto.

El reto para ti es incluir en tus conversaciones con el oyente al menos una historia con la intención de inspirarlo (en lo que sea que quieres que se inspire). Si está receptivo y se asocia, al corto o mediano plazo podrías comenzar a notar cambios en su conducta.

Guía de prácticas

1. Selecciona en qué quieres inspirar al oyente.
2. Encuentra cuál es el propósito mayor.
3. Explora si hay más de un propósito mayor que puedas usar. Por ejemplo, en mi caso era: "quiero ayudar a la gente para que sufra menos". También podría ser "quiero ayudar a la gente para que logre sus sueños", "quiero que los padres no llenen de mierda la mente de sus hijos", "quiero que haya más parejas felices", etc. Dependiendo del perfil del oyente y de sus necesidades, será más fácil que se inspire si seleccionas el propósito correcto.
4. Encuentra alrededor de nueve historias que trasmitan la misma idea. No es necesario que sean historias de tu vida. Ayúdate con anécdotas de otras personas, de logros

de personajes reconocidos, de cuentos o de cualquier elemento que demuestre tu punto.

5. Ve y cuenta tus historias.

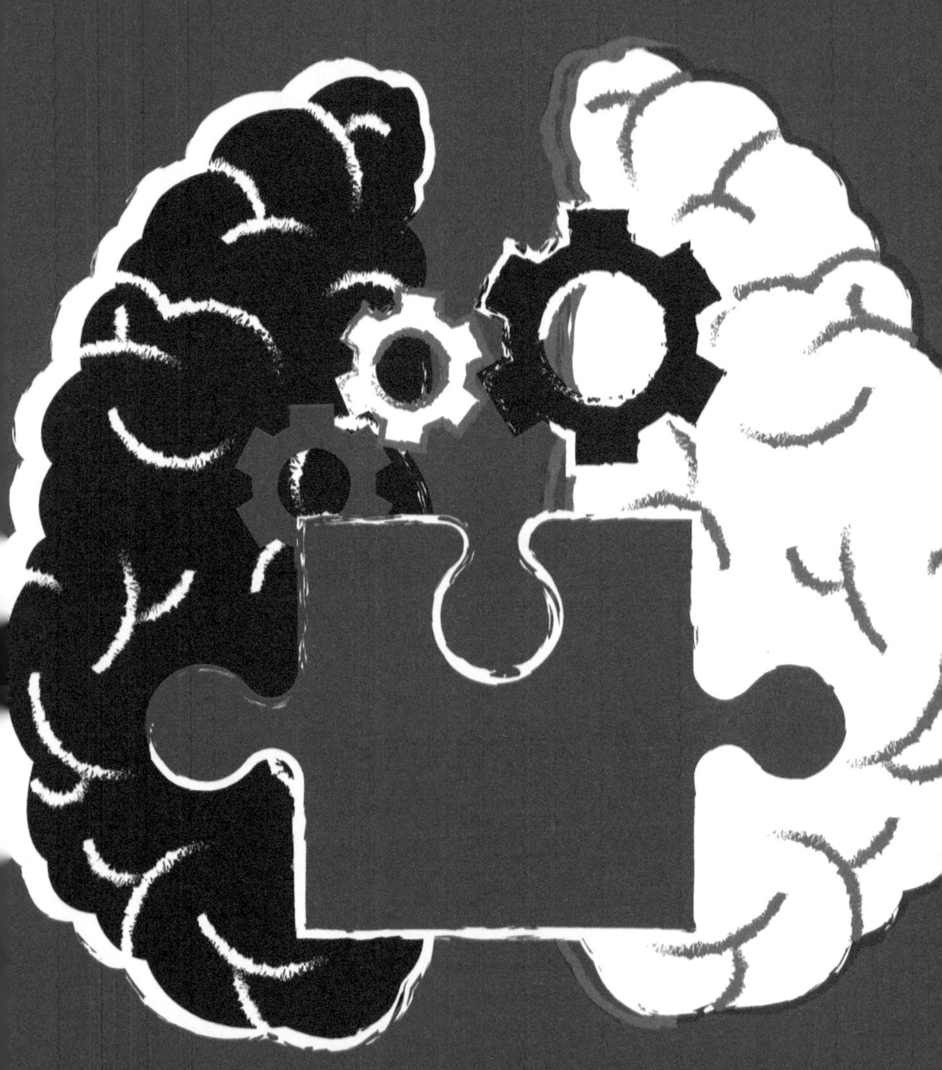

TÉCNICA 6

CÓMO INSTALAR IDEAS

"No todas las ideas que crees que son tuyas, son tuyas"

Dentro de la película El Origen[5], hay una escena donde Saito le pide a Dominik y Arthur que instalen una idea en la mente del hombre que es su principal competidor en los negocios, con el fin de que disuelva sus empresas. El diálogo es el siguiente:

Arthur: No pienses en elefantes, ¿en qué estás pensando?

Saito: Elefantes.

5 Thomas, E., Goldber, J., Nolan, C. (productores) y Nolan, C. (director). (2010). *Inception* (cinta cinematográfica). EEUU: Warner Bros.

Arthur: Correcto, pero no es tu idea porque sabes que yo te la di. La mente del sujeto siempre puede rastrear el origen de la idea. La verdadera inspiración es imposible de falsificar.

Dominik: No es verdad.

Saito: ¿Tú puedes hacerlo?

Más allá de lo que ocurre en la película, lo cierto es que, para instalar una idea en la mente de la gente, la conclusión de esa idea debe llegar de adentro, a modo de reflexión. En ventas es muy común escuchar al vendedor hacer preguntas donde el cliente tiene que responder de modo afirmativo para así, concluir que necesita el producto. Por ejemplo:

—Usted quiere proteger a su familia, ¿cierto?

—Sí.

—Usted quiere que ellos puedan mantener el nivel de vida que les brinda ahora si llega a faltar, ¿cierto?

—Sí.

—Usted quiere que la aseguradora que contrate sea una empresa profesional y responda rápidamente a las necesidades de su familia, ¿cierto?

—Sí.

—Usted quiere todos estos beneficios con la mejor inversión, ¿cierto?

—Sí.

—Entonces firmemos la póliza porque todo lo tiene con nosotros.

Si ya afirmé que quiero proteger a mi familia, que quiero que ellos puedan mantener el nivel de vida si llego a faltar, que la empresa en la que me asegure sea profesional, que responda rápidamente a las necesidades de mi familia y quiero todos esos beneficios con la mejor inversión; entonces quiero firmar la póliza con la empresa que me dé todo ello, ¿cierto? En teoría sí, pero en la práctica no siempre ocurre.

Yo puedo concluir que quiero todo lo anterior, pero que no lo quiero con el agente de seguros o que no lo quiero con su empresa. ¿Por qué? Porque las conclusiones a las que me llevó el vendedor no fueron creadas por él. Esas ideas ya las tenía en mi mente. Es la razón por la cual hablo con un agente de seguros. La conclusión principal a la que debería influirme el agente de seguros es a que contrate la póliza con él. El mejor plan para contratar un seguro y las características de la empresa, suelen depender de números y estadísticas, cuestiones muy racionales que son importantes, pero que no siempre venden.

Así, lo primero que necesitamos hacer es pensar a qué conclusión debe llegar el oyente para que pueda nacer la idea. Entonces, imaginemos que quiero que una persona contrate mi servicio de mentoría para mejorar sus habilidades de liderazgo y persuasión. La conclusión final tendría que ser "voy a contratar a Ariel Ortuño". Ahora bien, ¿a qué conclusiones tienes que llegar primero, para que al final, la idea que surja sea "voy a contratar a Ariel Ortuño"? Podría ser la siguiente secuencia:

1. Necesitas incrementar tus habilidades de liderazgo y persuasión.
2. Ariel tiene la experiencia necesaria.
3. Ariel cuenta con el conocimiento requerido.
4. Ariel sabe cómo enseñar liderazgo y persuasión.
5. La metodología de Ariel da resultados.
6. Quiero contratar a Ariel.

Este sería el camino de conclusiones que va a recorrer el oyente para concluir lo que deseo. La cuestión es que no puedo decirle directamente al oyente que tengo la experiencia necesaria porque no es su idea, es mía. Lo que necesito hacer es que la persona llegue a esa conclusión. Por supuesto, existe la posibilidad de que, a pesar de todos mis esfuerzos, el oyente no concluya nada de lo que quiero. Recuerda la primera premisa de la Persuasión Empática: *Todos podemos ser persuadidos, pero no por todos ni todo el tiempo.*

Lo primero que tengo que hacer es encontrar al menos tres razones por las que es verdadera cada conclusión que quiero influir. Para ello, lo que haremos es colocar la palabra "porque" al final de cada conclusión y luego registrar esas tres razones. Ejemplo:

1. Necesitas incrementar tus habilidades de liderazgo y persuasión **porque**:

   - Si no, tu carrera profesional se va a estancar.

   - Tus ingresos ya no van a crecer.

   - Te costará más trabajo influir a las personas.

2. Ariel tiene la experiencia necesaria **porque**:

   - Lleva más de 10 años dando entrenamientos de alto impacto.

   - Ha dictado más de mil conferencias.

   - Su estilo se basa en la ejecución y no solo en la repetición.

3. Ariel cuenta con el conocimiento requerido **porque**:

   - Ha estudiado el comportamiento humano más de veinte años.

   - Es autor de seis libros, dos sobre liderazgo, dos sobre persuasión dos sobre ventas.

4. Ariel sabe cómo enseñar liderazgo y persuasión **porque**:

   - Conecta con las personas.

- Hace amena la conversación.

- Se interesa en el alumno.

- Se enfoca en lo que necesitas.

- Simplifica los temas para que sean más sencillos de aprender.

5. La metodología de Ariel da resultados **porque**:

- Es completamente práctica.

- Vamos por una meta que rete, pero fijamos objetivos alcanzables, de modo que adquieras más seguridad a cada paso.

- Se adapta a las capacidades y habilidades de cada persona.

- Desarrollamos hábitos que puedan darte independencia.

6. Quiero contratar a Ariel **porque**:

- Es muy estructurado y disciplinado.

- Se mantiene atento en tu desarrollo.

- Ha ayudado a miles de personas a través de sus eventos, libros y contenido de redes sociales.

Es normal que al inicio no te sea tan fácil encontrar al menos tres razones. Hay veces que a mí también me lleva un poco de tiempo todavía. Procura que las razones sean lógicas de acuerdo con el grupo social en el que se encuentra el oyente. Si digo que quieres contratarme porque un ángel me dijo que yo te ayudaría, solo funcionará si te encuentras en un medio en el que eso es importante y creíble, asumiendo también que estoy diciendo la verdad. Incluso, siendo honesto, si lo menciono en un entorno ejecutivo, quizá choque con el sistema de creencias de varios oyentes.

El mensaje siempre debe estar adaptado al tipo de oyente. Diferentes grupos sociales pueden aceptar la misma idea, pero no contada con la misma historia ni de la misma manera. Tú como un buen comunicador, adaptarás tu mensaje, pero siempre debes mantener la esencia de este. No vas a mentir ni a inventar historias solo para conseguir lo que quieres de las personas. Cuando haces eso pierdes consistencia: en algún momento la gente comienza a descubrir que tu vida es una mentira.

Ahora, lo que vamos a hacer es encontrar una historia por cada conclusión, en la que podamos enlazar los elementos de dicha conclusión. Por ejemplo, la primera conclusión a la que quiero que llegue el oyente es:

1. Necesitas incrementar tus habilidades de liderazgo y persuasión.

Y los elementos de esta conclusión que deben estar presentes en la historia son:

- Si no, tu carrera profesional se va a estancar.
- Tus ingresos ya no van a crecer.
- Te costará más trabajo influir a las personas.

Entonces, lo que haré a continuación, es integrar estos elementos de modo sutil y elegante dentro de una historia. Inmediatamente después, voy a vincular esa historia con la historia de las demás conclusiones para crear una conversación completa. Ejemplo de la conversación:

Conclusión 1. Necesitas incrementar tus habilidades de liderazgo y persuasión.

Historia: *Leonel era mi jefe cuando yo tenía 18 años. Se desempeñaba como gerente de sucursal, bueno, al menos esa era la descripción del puesto. Él era un hombre con personalidad, buen porte, muy moreno y tenía cierto atractivo para las damas. Era hermano de los dueños de la empresa, pero no fue la única razón por la que llegó a la gerencia; antes había estado en el área de ventas, donde generó buenos resultados. Yo jamás lo vi dar resultados consistentes en su trabajo, ese tiempo no me tocó. Eso hacía que me preguntara, ¿cómo llegó a ser gerente?*

La respuesta la encontré varios años después a través de Mario Borguino[6]*. Mario dice que cada persona crecerá en su carrera profesional hasta su nivel de incompetencia. Esa es la razón por la cual mucha gente permanece en el mismo puesto toda su vida o su negocio deja de crecer y solo se mantiene.*

El problema con Leonel, era que su nivel de incompetencia solo le dio para subir de vendedor a gerente. Él no tenía habilidades de liderazgo y menos de persuasión; por estas carencias, su carrera profesional se estancó, sus ingresos dejaron de crecer y no podía influir a sus pocos trabajadores ni a nadie. Finalmente, la sucursal quebró, lo despidieron y su economía se fue al suelo. Su verdadero problema fue que nunca estudió cómo mejorar sus habilidades. Ese es el futuro de toda la gente que no se desarrolla.

Conclusión 2. Ariel tiene la experiencia necesaria.

Historia: *A mí, me estaba pasando algo similar a Leonel. Tuve un crecimiento sostenido en mi carrera y luego me estanqué, pero el ritmo de trabajo no me permitió notarlo pronto. Daba más conferencias, viajaba para dar más entrenamientos y mi atención estaba en cómo sacar todo el trabajo y tener tiempo para estar con mi familia.*

Una vez, mientras volaba a la ciudad de Mérida, me puse a evaluar si lo que estaba enseñando era congruente con lo que estaba viviendo. Para mi fortuna, la autoobservación es una de las bendiciones que da un toque especial a mi estilo. Con pensamiento crítico, durante ese viaje evalué si lo que había aprendido, y que ahora estaba enseñando, aplicaba para mí o para mis alumnos. Descubrí que algunos elementos no lo eran. Fui a dar una Conferencia sobre comunicación y aproveché el momento para cambiar el contenido de la charla. De hecho, siempre reviso mis conferencias unos días antes de que sea el evento,

6 Borghino, M. (2006), *El arte de hacer dinero*, Grijalbo.

porque me gusta asegurarme de que todo está en orden. He dictado más de mil conferencias y lo sigo haciendo. A veces, la gente no me cree.

En ese viaje a Mérida, conocí el proceso mediante el cual se extrae la sal del mar para terminar en tu mesa. La empresa que me contrató a eso se dedica. Me gusta aprender los procesos de las empresas a las que voy; además de que me sirve la información para mi ponencia, sacia mi curiosidad y conozco también un poco más de la cultura en las diferentes ciudades a las que voy.

Conclusión 3. Ariel cuenta con el conocimiento requerido.

Historia: *Cómo piensa la gente es una de mis pasiones más grandes, por eso me intereso también en la cultura de cada sitio. Me gusta saber por qué la gente hace lo que hace. Por ejemplo, en un entrenamiento al que asistí como alumno, la cantaleta del orador era que vivieras la vida con pasión. Entonces, para tener más claro a qué se refería, le pregunté:*

—¿Y cómo se crea pasión en la vida?

—Ariel, la vida es pasión —me respondió.

Su respuesta me dejó completamente insatisfecho. Debo vivir con pasión y la vida es pasión. No me da un camino a seguir. Llevo veinte años estudiando el comportamiento humano y es común que me haga este tipo de cuestionamientos, a veces un poco más elevados. La respuesta a "cómo crear pasión en tu vida" llegó después de varios años de introspección tratando de darle sentido. Sientes pasión por la vida cuando sales de tu rutina, haciendo cosas que normalmente no harías y que te acercan a un propósito mayor. En pocas palabras, sientes pasión cada vez que sales de tu zona cómoda. Lo curioso es que el entrenador que me dijo que la vida es pasión, también fue el que me enseñó el concepto de la zona cómoda.

Dentro de ese entrenamiento, a manera de reto y para salir de mi zona cómoda, me mandaron a lavar un coche al estacionamiento de un centro comercial. La instrucción fue que debía convencer a la persona que lavaba coches en el sitio, para que me dejara lavar uno. Luego, tendría que ofrecer mis servicios de lavado a un conductor. Todo lo anterior tenía que hacerlo vestido de traje y con corbata. Ese reto sí me sacó de mi zona cómoda, pero de ninguna manera se alineaba con alguna meta o propósito en mi vida.

Ocurrió una gran diferencia cuando me puse a escribir libros. Por lo general, me despertaba todas las mañanas como a las ocho y me levantaba unos treinta minutos después. Las veces que traté de levantarme más temprano, no pude. Tuve que salir de mi zona cómoda para encontrar tiempo y escribir mi primer libro: eso sucedió levantándome a las 4:30 de la mañana. ¿Te imaginas? Comencé a salir de la cama cuatro horas antes. ¡Sí me sacaba de mi zona cómoda!, pero sabía que me acercaba a un propósito mayor: publicar mi primer libro. Eso me hacía sentir pasión y, era tan fuerte, que no me importaba despertarme tan temprano. La pasión que esa acción ha creado en mí es tan grande, que mientras escribo este libro, ya soy autor de seis libros más.

Conclusión 4. Ariel sabe cómo enseñar liderazgo y persuasión.

Historia: *Salir de mi zona cómoda también sucedió cuando comencé a hablar en público. Ahora pienso cómo las experiencias pasadas se van conectando. En mi adolescencia, ocurrieron dos eventos que se relacionan con una parte de lo que hago en este momento. El primero fue que ingresé a una rondalla, pero yo era el versista. Uno de los encantos de toda rondalla es el caballero que dice los versos, o sea, yo hablaba frente al público y los impulsaba para que tuvieran algunas reacciones. El otro evento, es que metía en trance hipnótico a mis compañeros de la escuela. Ahora manejo una mezcla de ambas cosas, hablo frente a mucha gente y la meto en ligeros trances. Soy conferencista y uso la hipnosis conversacional con estrategias para influir a las personas.*

En aquellos años, me di cuenta de que tengo facilidad para conectar con la gente. Incluso, una vez me dijo un colega entrenador: "eres muy neutral y es muy agradable conversar contigo". Se refería a que no suelo tomar algún extremo en ningún tema y aferrarme a él. Situación que me permite ser más objetivo. Así, esta conexión con los demás, sumado a los trances hipnóticos que hice en mi pubertad, ayudaron a muchos de mis compañeros a mejorar su vida. La adolescencia en sí misma ya es una etapa difícil, y si tu casa es un caos, peor. Hoy, como adulto, me doy cuenta de que aquello que me permitió ayudar más a los adolescentes, fue que me interesaba de manera genuina en sus problemas, me enfocaba en lo que cada uno necesitaba y siempre traté de explicar las cosas de una manera muy sencilla. Es curioso que esas cualidades se mantengan conmigo y se hayan perfeccionado.

Conclusión 5. La metodología da resultados.

Historia: *Sin embargo, el crecimiento puede engañar a tu mente si no estás en el entorno correcto. En otras ocasiones he dicho que viví cuatro años inmerso en una profunda depresión. Antes de salir de ella, me imaginaba apoyando a la gente a través de cursos y conferencias. Me miraba vestido de traje, en un escenario, hablando sobre ese momento en el que soñaba que daría conferencias. Pasados algunos años, ocurrió en un evento de trasformación personal que dicté durante 3 días.*

Yo había subido de nivel en mi vida y mi ego me decía que era un maestro. El problema es que también había personas que me lo expresaban: mi mente se dejó seducir por las dulces palabras de la admiración. Por esos días, firmé un contrato con una empresa de capacitación y comencé a dictar una gran cantidad de conferencias, de dos a tres por día. Fue un reto porque eran temas variados, sin embargo, cada vez me fui haciendo más hábil. En solo tres meses, ya había dictado cerca de ciento veinte conferencias. Me sentía el "Superman de las conferencias". En mi entorno, ninguno de mis conocidos y colegas había dictado tantas conferencias y menos, en tan poco tiempo.

Mi arrogancia se empezó a desvanecer cuando compartí escenario con el Hijo del Santo en Tijuana. Ahí, me di cuenta de lo que era una conferencia de nivel internacional. Frustrado y sin ganas de hacerlo, empecé a asistir a las conferencias de los personajes más famosos y reconocidos. Descubrí que mi trabajo se quedaba pequeño. Así comenzó una nueva etapa de preparación.

Uno de los aprendizajes más importantes fue en las Mentorías. Antes daba sesiones de coaching, según yo, pero la verdad ya ni recuerdo qué hacía, aunque de algo le servía a la gente; para fortuna de ambos. Ahora, mi sistema de mentoría es completamente práctico, vamos por una meta que rete a mi alumno, pero fijamos objetivos alcanzables, de modo que adquieras más seguridad en ti mismo a cada paso del proceso. Al ser mentoría, me permite ser flexible a las capacidades y habilidades de cada persona. Lo más importante, desarrollamos hábitos que pueden darte independencia y no necesitar la mentoría por toda la vida.

Siempre que quieres crecer, necesitas crear el entorno para hacerlo. He oído que Tony Robbins dice que, de vez en cuando, necesitas ser el más tonto del grupo. Me hace todo el sentido. Si siempre eres el más listo, el único que podría no estar aprendiendo nada eres tú. A pesar de ser el menos listo del grupo, ocurre algo bastante bueno para ti: tus mentores comienzan a notar tu crecimiento. Incluso, en algún momento te invitarán a colaborar con ellos.

Conclusión 6. Quiero contratar a Ariel.

Historia: *Durante varios años, estuve apoyando a un amigo y mentor. El proyecto era de él, y yo hacía todo lo que podía para que fuera un éxito, situación que valoraba mucho mi mentor. Algunos meses después, me pidió que lo apoyara a mejorar su negocio. Me dijo:*

—Ariel, tú eres muy estructurado y disciplinado, te mantienes atento al desarrollo de tus clientes y eso me gusta. Ahora, apóyame con todo mi negocio.

Por supuesto que lo apoyé, pero de momento no daba crédito a lo que estaba pasando. Yo sentía que me faltaba cada vez más para que mi mentor me viera como un asesor y en solo unos meses ya había sucedido. La vida te sorprende cuando eres consistente en tus acciones. Después de tantos años, sé que he apoyado a miles de personas a través de mis conferencias, de mis libros y de mi podcast. Y sé que el camino aún es muy largo y que hay mucho que estoy por aprender. Seamos alumnos mientras somos maestros.

Todo el escenario anterior es pensando en que quiero que me contrates, pero no deseo hacer evidente que eso es lo que estoy buscando. Es decir, podría usar esta secuencia de historias en una tarde de carne asada con alguien que creo que podría contratarme: como no es un evento de networking, optaría por ser más sutil. Vamos, no es la secuencia que usaría para hablar con un prospecto que me buscó porque, dado que me buscó, ya ha caído en la mayoría de las conclusiones aquí expuestas. En tal caso, mi trabajo es guiarlo para que concluya que soy una de las mejores alternativas que tiene; pero por lo general, cuando la gente me busca, es porque ya quiere trabajar conmigo. Lo más importante que llegamos a conversar antes de cerrar el trato son los detalles financieros y la logística de cada sesión.

Hay muchas herramientas que he usado en las historias pasadas, las cuales te enseñaré en la tercera parte de este libro. Cada una de tus historias son la oportunidad de sembrar tantas ideas en la mente de la gente, que es importante que sepas cómo hacerlo. Algunas de las herramientas que te mostraré no aplican igual cuando las lees que cuando las escuchas en vivo, sin embargo, haré mi mejor esfuerzo por trasmitir una experiencia sensorial en palabras.

Si crees que ya sabes cómo influir contando historias, te sorprenderá lo que hay más allá de estas páginas.

Guía de prácticas

1. Selecciona a qué conclusión te gustaría que llegara el oyente.
2. Identifica cuáles son las conclusiones previas a las que debe llegar el oyente para que sea obvia la conclusión final.
3. Encuentra tres razones lógicas y relevantes por las que es verdad cada una de las conclusiones. Es más fácil si añades "porque…" al final de cada una.
4. Piensa en una historia por cada conclusión, donde puedas integrar las tres razones del punto tres.
5. Cuenta todas las historias al mismo tiempo, enlazando una con otra de modo que la secuencia tenga sentido para el oyente.
6. Disfruta el proceso.

TÉCNICA 7

CÓMO CAMBIAR CREENCIAS

"Todas las creencias son cuestionables y en algún punto se pueden romper"

Dice la programación neurolingüística que tu cerebro realiza tres procesos mentales de manera automática y simultanea: generalización, omisión y distorsión. Por ejemplo, cuando La Felipa dice: todos los hombres son iguales, lo que está pasando es que ha generalizado el comportamiento de unos cuantos, ha omitido a todos los que no son igual y, con ello, está distorsionando la realidad. ¿Por qué La Felipa cree que todos los hombres son iguales? Ahora te cuento.

El papá de La Felipa es un señor alcohólico, bebe mucho y, en sus tantas parrandas, se ha involucrado sexualmente con varias mujeres. Además, los compadres y amigos de su padre tienen las mismas características.

Es decir, los hombres adultos que conoce La Felipa, son parranderos y mujeriegos. Años más tarde, cuando uno de los hermanos de La Felipa es mayor, comienza a beber y a andar con varias mujeres.

El otro hermano de La Felipa, resulta que no toma y no es mujeriego. Eso contradice la creencia de ella. Si todos los hombres son iguales, ¿por qué mi segundo hermano no es así? Ahí, la mente de La Felipa tiene que decidir si cambia su idea y acepta que no todos los hombres son iguales o mantiene la creencia y solo busca una justificación para el caso de su hermano. Todos son iguales, solo que mi hermano es homosexual o mi hermano es raro o mi hermano es antisocial o mi hermano se debió caer de la cuna, pero todos son iguales. Por lo general, lo primero que hará la mente es defender su creencia y justificará aquello que va en contra de dichas creencias. En este caso, La Felipa primero va a justificar por qué todos los hombres son iguales, a pesar de que su segundo hermano no sea parecido.

Toda creencia es una generalización y toda generalización se puede romper. Lo único que requieres hacer es dar ejemplos donde la generalización no aplica. En el caso de La Felipa, podrías mostrarle la cantidad de hombres que no son alcohólicos ni mujeriegos para que así, se dé cuenta de que no todos son iguales.

Imagina que una persona piensa que aprender a hablar inglés es muy difícil. Por alguna razón ha generalizado que es así. Lo que tienes que hacer a través de tus historias es dar ejemplos de por qué es fácil. Así, para empezar, ten presente dos situaciones:

1. El oyente no debe saber que quieres cambiar su creencia. No trates de darle razones para que comprenda por qué está equivocado. Eso podría hacer que se cierre y que, cuando escuche tus historias, conscientemente las bloquee. Considera que si no sabe qué esperar, tomará tus historias como parte de una conversación trivial.

2. Lo primero que hará la mente del oyente es encontrar alguna justificación para que su creencia siga siendo válida. Por ello, es poco probable que el oyente cambie la creencia al escuchar la primera historia; sin embargo, podría suceder.

Para el caso de la persona que cree que aprender inglés es complicado, necesitamos encontrar historias que rompan la generalización. Podemos hablar de Ramón Campayo, quien aprendió alemán durante un vuelo de cuatro horas para dar una conferencia: o de Mateusz Grzesiak, quien te puede dar un entrenamiento en el idioma que sea con un mes de anticipación. Ya más terrenal, de mí, que aprendí inglés de manera autodidacta.

Ahora te daré un ejemplo de cómo podrían quedar las historias.

Primero crearé una historia sobre Ramón Campayo:

Cuando tenía veintitrés años compré un curso de lectura rápida. La promesa era que leería dos mil palabras por minuto. Hasta ese momento, yo no conocía nada parecido, es más, ni siquiera había imaginado que se podía leer rápido. Tomé el curso y mejoré mucho. Nunca llegué a las dos mil palabras, pero quedé satisfecho con el resultado. Lo más importante de todo es que me di cuenta de que aprender podría ser muy sencillo. De hecho, hay mucha información que te habla sobre el tema.

Así fue que caí con un caballero español llamado Ramón Campayo. Compré y practiqué su libro "Desarrolla una mente prodigiosa". El tipo es una maravilla, un verdadero crack de la mente para aprender. Él aprendió alemán en cuatro horas de vuelo y pudo dar una conferencia. Desarrolló un método que es replicable y que la gente usa para aprender idiomas en poco tiempo. Se basa en la idea de que, si conoces las mil palabras más habladas de un idioma, te puedes expresar y comprender el 80% de las situaciones. Para mí tuvo todo el sentido del mundo.

Me gustó mucho su libro porque contiene ejercicios con los que he podido ayudar a mis hijos para que memoricen mejor los temas de su escuela. De hecho, las técnicas de aprendizaje acelerado tienen un nombre, se llaman

Nemotecnia. Por ejemplo, lo que haces para aprenderte una secuencia de palabras rápidamente es bla, bla, bla…

Ahora la historia sobre Mateusz Grzesiak:

Cuando decidí certificarme en Programación Neurolingüística, lo hice con Mateusz Grzesiak, uno de los mejores entrenadores en el mundo, además de ser el psicólogo más famoso de Polonia. Nos contó que a la edad de diecisiete años comenzó a dar clases de inglés. Con el paso del tiempo, él comprendió que algunos idiomas tenían la misma raíz y que ello facilitaba su aprendizaje. La razón es que varias palabras se pronuncian igual o se escriben de la misma manera y tienen un significado idéntico o muy semejante. A esto se le conoce como cognados. Algunos ejemplos entre inglés y español son: actor, bar, central, doctor, elemental, general, etc.

En ese momento, Mateusz hablaba siete idiomas. Él creía que la manera más fácil de aprender un idioma era aprendiendo primero los cognados, después las palabras más usadas y al final la gramática. Además, menciona que hay cognados que te ayudan a aprender otros idiomas, lo que hace que sea más fácil hablar una tercera lengua y la cuarta aún más. Por ejemplo, "naranja" en inglés se escribe "orange" y en francés se escribe igual, "orange". De tal suerte que, si quieres aprender francés y ya sabes inglés, será más fácil.

Aprendí mucho de Mateusz y, sobre todo, inspiró mi vida. También es experto en comportamiento humano y recuerdo una vez que estábamos en la Ciudad de México, fuimos a bla, bla, bla…

Ahora la historia sobre mi caso:

Yo tenía la idea de que necesitaba hablar el inglés con la misma habilidad con la que hablo el español para realizar mis primeras conversaciones en otro idioma. Esa fue la peor idea que pude tener para acelerar mi aprendizaje. Se derivó de que, en la escuela, la asignación de inglés carecía de un buen método de enseñanza. Trataban de que aprendiera la gramática y una serie de palabras que ni en español uso. Esta idea cambió un día.

Una amiga me invitó a su boda y fui solo. En la mesa que me asignaron había puras mujeres, también amigas de la novia, salvo un caballero, que era esposo de una de estas damas. El hombre era canadiense y no hablaba nada de español. Dado que éramos los únicos caballeros en la mesa, pareció buena idea sentarnos juntos. Todas las damas, al ser amigas de la novia, iban de aquí para allá; mientras que el canadiense y yo permanecíamos sentados uno al lado del otro. En mi bajo nivel de inglés, comencé la plática mencionando que íbamos a probar si podríamos entendernos. Él estuvo de acuerdo y se disculpó por no saber nada de español. Situación que me dio seguridad. Sí nos entendimos. Ahí comprendí que lo importante es captar las ideas centrales de la conversación.

Decidí incrementar mi nivel de inglés. Tenía dos factores en contra: no quería hacerlo con el método de las escuelas y no tenía un propósito para lograrlo. Si no hay un "para qué", que sea poderoso, no vas a aprender el idioma. La idea de dominio público dice que, si sabes inglés, tendrás un mejor trabajo. Eso aplica solo para algunos puestos ejecutivos; además, yo era emprendedor. Mira que, cuando deseas cambiar algo en tu vida, los medios van apareciendo. Encontré la aplicación de Duolingo y ahí empecé a estudiar. Mi propósito es tener acceso a toda la información en inglés que hay en el mercado en que trabajo.

Al inicio también tuve que hacer algunos cambios en mi vida, porque debía integrar a mi agenda un tiempo para estudiar. Modifiqué la manera en que veía algunas películas porque bla, bla, bla…

Terminé las historias con *bla*, *bla*, *bla*, porque asumo que recuerdas que, a partir de ahí, llevaría la conversación a otra historia. Habrá unas ocasiones en las que el oyente retome el tema que te interesa. Esto puede ser bueno si es para indagar más sobre la información. Otra razón para retomar el tema es porque quiere debatir algún punto, eso significa que lo que escuchó le movió, pero quiere mantener su creencia. Si fuera el caso, no entres en debate, para este fin no es relevante darle argumentos: basta con que escuches lo que quiere decir.

Guía de prácticas

1. Identifica qué creencia quieres cambiar en el oyente.
2. Encuentra qué situaciones o elementos pueden romper la generalización de la creencia. Es decir, ejemplos donde la creencia no aplica.
3. Selecciona 5 historias que puedan contener esos elementos.
4. Revisa tus historias.
5. Ve y cuéntalas.

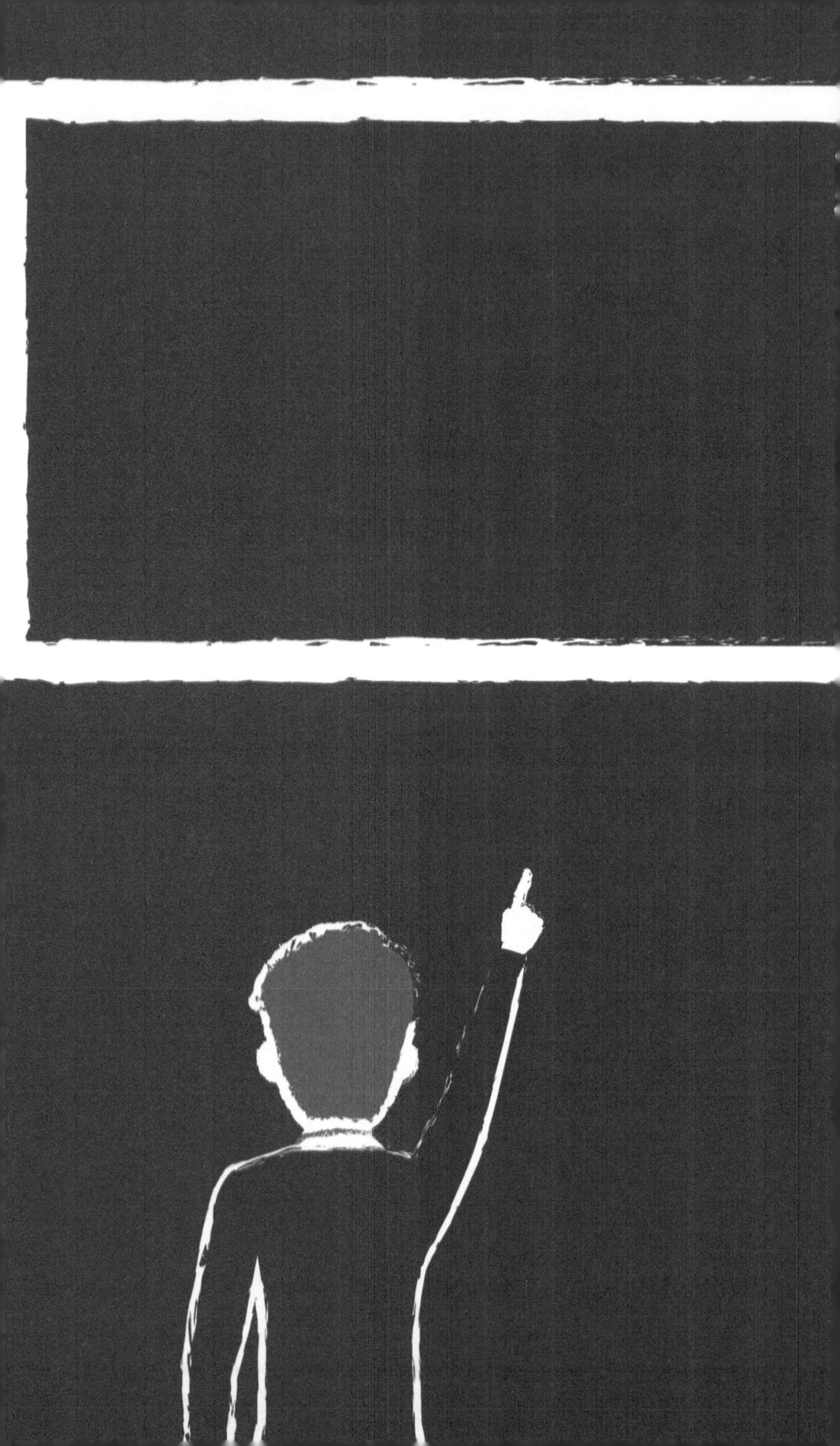

TÉCNICA 8

CÓMO EXPLICAR CONCEPTOS NUEVOS

"Tu cerebro está asociando ideas todo el tiempo"

Finalmente, también puedes usar historias para explicar conceptos nuevos con términos que puedan ser más conocidos por el oyente. Es decir, vas a crear una analogía para incrementar las posibilidades de que el oyente comprenda de qué estás hablando.

Un día atendí a un joven que era DJ. Él tenía varios proyectos juntos, pero no disponía ni de la disciplina para enfocarse en ellos ni del tiempo para atenderlos. Le pedí que me dijera cuántas consolas podía operar al mismo tiempo para que la música que mezclaba sonara excelente. Me respondió que dos consolas eran lo ideal, que con tres las cosas comenzaban a complicarse y se necesitaba más experiencia. Entonces le dije:

—Lo que quieres decir es que, cuantas más consolas uses al mismo tiempo, menos posibilidades tienes de que la música suene bien, ¿verdad?

—Sí, así es.

—Bueno. Imagina que cada proyecto que tienes es una consola. Para que la música de tu futuro tenga armonía, necesitas enfocarte en una; quizá dos, pero ninguna más.

En ese momento se iluminaron sus ojos. Pudo entender lo que nadie le había ayudado a comprender porque le presenté una idea nueva bajo conceptos que él ya conocía. Es evidente que esta analogía no va a funcionar con todas las personas. La idea sería que sepas qué cosas le gustan al oyente y trates de encontrar una relación con lo que quieres explicar.

Por ejemplo, a mi hijo mayor le gustan los súper héroes. Entonces, busco cómo adaptar ese tema a sus tareas para ayudarle a que comprenda más rápido. En el caso de mi hija, uso caballos porque es lo que le gusta a ella.

En las empresas, hay consultores que suelen decir a los trabajadores que se imaginen que la empresa es un gran reloj donde cada uno de los engranes es importante para que la hora sea la correcta. Esto, haciendo alusión a que cada trabajador es un engrane del reloj. Otros suelen usar la manera en que trabajan las hormigas para ejemplificar el trabajo en equipo.

Como te puedes dar cuenta, es un proceso muy sencillo, aunque para algunos va a requerir cierta práctica.

El riesgo es que no todos los elementos de la analogía van a amalgamarse con la realidad. La analogía siempre será solo una analogía. El joven DJ podría haber respondido que, si cada consola era un proyecto; entonces, quiere decir que debe estar mezclando acciones o ideas en cada objetivo.

En tal caso, lo que puedes hacer es evaluar qué aspectos podría tener en contra la analogía que estás haciendo, con la finalidad de evitar que la atención del oyente se vaya hacia la parte que no deseas. A veces te darás cuenta de que la analogía que pretendes platicar no te ayuda a explicar tu punto; sino más bien, a derrumbarlo.

Para crear una analogía necesitamos encontrar elementos semejantes entre cosas distintas. Es como cuando una persona está muy enamorada, que encuentra cosas en común con su pareja por todos lados. De hecho, lo acabo de hacer brevemente. Cuando usas las palabras "es como", puedes crear una metáfora que dará pie a una historia para explicar un punto. Así, en lugar de solo decir "es como una persona que está muy enamorada", podría contar la siguiente historia:

Cuando tenía dieciocho años conocí a quien ahora es mi esposa. Ella es mayor por cinco años, así que tendría veintitrés. Cinco años no es mucho, pero a esa edad sí significan algo. Sin embargo, el amor nos llegó con fuerza y a los nueve meses de ser novios nos casamos. Casi nadie entendía por qué lo habíamos hecho. Yo estaba enamorado y lo único que en mi mente podía ver, eran todas las cosas en común que teníamos. Eso me daba las razones que necesitaba para casarme. Los enamorados encuentran todo lo que tienen en común. Así, una analogía es encontrar qué tienen en común dos cosas diferentes; justo como los enamorados.

Hacer la analogía te ayuda a explicar el nuevo concepto, pero **contar una historia, lo hace más memorable e interesante.**

Guía de prácticas

1. Decide qué nuevo concepto quieres comunicar.
2. Identifica qué temas podría conocer el oyente para hacer la analogía.
3. Encuentra en ese tema todas las semejanzas posibles que te ayuden a explicar el nuevo concepto. La siguiente frase te puede ayudar: *Este nuevo concepto es como…*
4. Crea una historia para explicar la analogía.
5. 5. Ve y cuenta tu historia.

PARTE 3

HISTORIAS CON HIPNOSIS Y AMNESIA

"La mente siempre quiere saber en qué termina una historia"

Ahora ya puedes usar las ocho técnicas que acabas de aprender. Y para complementar tu aprendizaje, te contaré cómo puedes crear amnesia en el oyente para que tenga poca oportunidad de reflexionar las historias que ha escuchado.

Son dos maneras las que aprenderás en este libro: la primera ya te la expliqué y se trata de llevar la conversación a otro tema al momento de terminar la historia que quieres; la segunda es a través de historias anidadas. Lo que vamos a hacer es abrir una historia dentro de otra historia y después otra historia dentro de la segunda historia y luego otra historia dentro de la tercera y otra dentro de la cuarta y luego regresar una a una hasta la primera. Es más fácil de lo que se lee. La imagen siguiente te ayudará a comprender mejor la estructura.

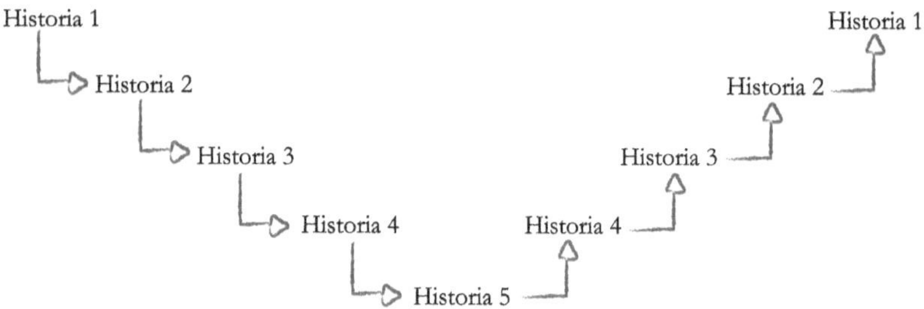

La mente consciente sigue la historia; así, cuando la cambias, la mente irá con la nueva historia. El asunto es que, cuando regresas y cierras las historias, vas creando lagunas de amnesia. Esto no es magia ni nada por el estilo; ya ocurre en tu vida y en la de todas las personas. Por favor, recuerda la última vez que fuiste a visitar a alguna de tus amistades; quizá fueron al café o a tomar una cerveza o estuvieron en su casa. ¿Recuerdas de qué hablaron? Seguramente sí, pero nada más te acuerdas de los temas centrales, lo demás ya lo olvidaste. Tal vez, si pones un poco de esfuerzo, recuerdes algunas ideas y algunas historias, pero si no llevas tu atención a ello, no recordarás ningún detalle.

De lo que se trata es de que la primera y la segunda historia, puedan formar parte de una idea central dentro de la conversación y que en la historia tres, cuatro y cinco, te asegures de instalar todo lo que quieres en la mente del oyente. Es posible que el oyente, cuando escuche la historia tres y cuatro, sienta que el tema va por otro lado, sobre todo cuando llegues a la historia cinco, pero como pronto regresarás al flujo inicial de la conversación, se irá con la idea central. Cuando le pregunten de qué habló contigo, por lo general comentará sobre el tema de la historia uno y quizá también del dos.

En la historia cinco vas a soltar todo tu arsenal para que des mensajes a la mente inconsciente y des órdenes encubiertas con analogías muy directas. Por lo mismo, no debe ser una historia muy larga, ya que el oyente podría abrir líneas conversacionales antes de que regreses a la idea central de la historia uno y dos.

Así, lo primero que vas a hacer es identificar cuál es el recurso que quieres instalar en la mente del oyente y cuál es el mensaje que quieres enviar. Imagina que quieres que el oyente practique lo que está aprendiendo; pero además, deseas darle el mensaje de que sí puede lograrlo. Entonces, tenemos lo siguiente:

Mensaje: Tú sí puedes lograrlo.

Orden: Practica cada día.

Ahora encuentra dos historias que tengan un tema similar y después, tres historias donde puedas incluir los recursos anteriores usando alguna de las ocho técnicas que te expliqué en la segunda parte del libro. Una vez que identifiques cada historia, te recomiendo vincularla con una palabra; así, no tienes que recordar la secuencia de historias, sino de las palabras. Esto es importante porque una vez que empiezas a hablar, llegar a la quinta historia es fácil, pero regresar a la primera puede ser un problema: se te olvida el orden o incluso las historias. Vamos a hacerlo. La secuencia de historias que te voy a contar en un momento es la siguiente:

Historia 1: Roberto

Historia 2: Tío Carlos

Historia 3: La programación neurolingüística

Historia 4: Libros

Historia 5: Lalo

Ahora te voy a dar un ejemplo de cómo contaría esta secuencia de historias. Pon mucha atención a la manera en que enlazo una historia con otra, en como regreso hacía la primera y en el modo en que cierro el bloque.

En el año 2009 tomé un entrenamiento conocido como cursos de Trasformación, ese de "los cuatros". Yo estaba en un momento complicado de mi vida y mi mamá me comentó sobre ese programa. A diferencia de la mayoría de personas, a mí nadie me enroló[7] *para asistir, fui por mi propia curiosidad y necesidad de un cambio.*

Éramos cerca de sesenta participantes y nos organizaron en grupos de seis personas. Dentro de mi grupo, había un caballero llamado Roberto. Recuerdo que él tenía una tremenda habilidad para contar historias y tal vez ni lo sabía. Escucharlo hablar era hipnótico.

Hasta ese momento, al único que había escuchado contar historias que envolvieran a la gente era uno de mis tíos: Carlos. Durante toda mi adolescencia, mi tío Carlos fue mi inspiración y la imagen de hombre de éxito a la que yo aspiraba. Él y sus hermanos habían construido una gran empresa en la crisis del año 1995 en México. Al tiempo que muchas personas estaban perdiendo dinero, ellos crecieron de un modo increíble.

Como era mucha la admiración que sentía por mi tío, yo hacía lo que él me decía. De ese modo fue como llegó la programación neurolingüística a mi vida. Tendría cerca de dieciocho años cuando, derivado de una de las buenas historias de mi tío, salió a la conversación esta disciplina. ¡Quedé maravillado con el tema!

Sin embargo, pasaron cinco años para que las condiciones se dieran y tuviera la oportunidad de asistir a un curso. Con el deseo de aprender cómo influir a las personas, leí varios libros que explicaban dicho tipo de programación, pero la magia llegó al participar en el primer entrenamiento. Ahí conocí a otro gran contador de historias, Raymundo Forcada, quien era el entrenador.

Como cuando te enamoras a primera vista, así me sucedió con la Programación Neurolingüística. ¡Quedé flechado! Mis habilidades eran

7 Para la gente de la Transformación, "enrolar" significa persuadir a una persona para que también asista al curso. Es parte de las actividades del programa.

reducidas a pesar de haber leído algunos libros. Dentro de mí, sabía que solo era cuestión de tiempo y constancia: como todo en la vida.

Raymundo me invitó para que participara como staff en todos sus entrenamientos. ¡De inmediato dije que sí! Un día, después de varias veces de acompañarlo, me dijo:

-Veo que estás mejorando. Poco a poco se nota todo lo que estás aprendiendo ahora. ¡Te felicito!

Fue un gran momento porque para mí, él era mi maestro de maestros en esa etapa de mi vida. Y mira cómo cambia la vida, hace un par de meses lo vi para ayudarlo a escribir su primer libro.

Lo que hago me apasiona, así que continué estudiando. Asistí a diferentes certificaciones, talleres, cursos, diplomados, leí libros, vi documentales, tutoriales, hice de todo para estudiar. Comprobé que cuando te comprometes para aprender algo que te gusta, te haces muy bueno en ello si lo pones en práctica cada día.

De repente, mi cerebro necesitó una vía más grande que los entrenamientos y conferencias que dictaba para expresar lo que había aprendido y descubierto. Fue así que comencé a escribir un libro. Después de publicar el primero, me preguntaba si podría escribir más. La respuesta que llegaba a mi mente era:

-¡Tú sí puedes lograrlo! Practica cada día, escribe cada día.

El problema era la disciplina. Tenía el propósito de escribir otro libro, pero mis ideas no se organizaban correctamente para saber qué escribir. Ahora sé que eso pasa con muchos autores nuevos. Por ejemplo, Lalo, uno de mis alumnos, cuando llegó conmigo era un desastre su disciplina para organizarse y escribir. Recuerdo que le dije:

-Yo confío en ti. Sé que tienes la capacidad de aprender a contar historias. Mientras estás aquí, haciendo lo que haces, te das cuenta de que es lo que quieres, y comprendes que la práctica te va a permitir alcanzar lo que deseas. Contar historias llega a ser muy fácil cuando haces espacio para practicar. Ahora,

no le niegues a la gente la oportunidad de escucharte, porque estás a una frase de inspirar al mundo.

Apoyé a Lalo para que todas sus ideas estuvieran bien organizadas en su mente. Después, lo acompañé durante todo el proceso de escritura y publicación. Me encanta cuando un autor nuevo tiene por primera vez su libro impreso en sus manos. Yo sé que es una experiencia maravillosa, aún lo siento con cada libro que escribo.

*Hoy en día, la disciplina y habilidad para escribir ha mejorado mucho en mí. La práctica, supongo. Después del caos que viví para organizar mi mente, tras escribir mi primer libro, desarrollé una metodología increíble. Esa idea en mi cabeza que decía "*__¡Tú sí puedes lograrlo__*!", me llevó a organizar todo el proceso en pasos muy concretos, pero yo no lo sabía en ese momento.*

Después de publicar cuatro libros en dos años, la gente comenzó a acercarse a mí para pedirme que los ayudara con sus libros. Me encantó la idea y fundé una agencia literaria, razón por la que me encontré de nuevo con mi maestro de programación neurolingüística: Raymundo.

Lo que me encanta de Raymundo es que parece que el tiempo no pasa a través de él. En una ocasión compartiendo con su familia, me mostraron una foto de diez años atrás. ¡Se veía igual! A no ser por unas cuantas canas en la barba, era idéntico. En definitiva, de él fue de quien mejor aprendí herramientas para ayudar a sanar la mente de la gente en sesiones uno a uno.

Las historias de Raymundo inspiraban. También las de mi tío Carlos. Quizá mi tío no es consciente de todas las personas que pudieron haber sido inspiradas por alguna de sus historias. A mí me dio un rumbo, y con la programación neurolingüística me abrió un camino. Por eso es que guardo un sentimiento de gratitud hacia mi tío. También me inspiró para ser empresario.

De hecho, me encanta conocer empresarios prósperos como mi tío, porque siempre tienen buenas historias que contar. Roberto, mi compañero del curso de Transformación, él también era un gran empresario dentro de la industria del aguacate. Gana muy bien. Un día compartió conmigo a cuánto ascendían sus gastos mensuales de casa. En aquel tiempo me asustó: rondaba los diez mil dólares. ¿Tú cuánto dinero crees que se necesita al mes para vivir bien?

En pocas situaciones la gente se engancha con alguna historia de la mitad e interrumpen la secuencia. Si llegara a ocurrir, tratarás de retomar la secuencia cuanto antes, sin interrumpir al oyente de un modo evidente. En caso de que no sea posible (hay gente que empieza a hablar y no deja huecos para entrar), tendrás que iniciar una secuencia nueva.

Muy bien mi querido Amante de la Persuasión, es momento de que comiences a organizar tus ideas y crear tus historias anidadas. Diviértete mucho en el proceso.

Guía de prácticas

1. Identifica qué recursos quieres instalar en la mente del oyente.
2. Crea una secuencia de historias.
3. Aplica a las historias las herramientas que has aprendido.
4. Cuenta las historias frente al espejo a modo de práctica para que no se te olvide la secuencia en el momento estelar.
5. Ve y cuenta tus historias al mundo.

LOS 5 PRINCIPIOS DE LA PERSUASIÓN

"Lo que sucede en tu mente, no necesita de tu conocimiento ni de tu consentimiento"

Te voy a hablar un poco acerca de los 5 Principios de la Persuasión que están presentes cada vez que una persona es influida. Mi idea es que puedas complementar tu habilidad de contar historias con más herramientas para que incrementes de modo notorio tus habilidades persuasivas.

PRINCIPIO DE JERARQUÍA

El estatus que te da el oyente, determina la veracidad de lo que dices y su deseo de subordinarse

PRINCIPIO DE EMPATÍA

Cuanto más grande es el sentimiento de identificación del oyente contigo, mayor será su disponibilidad para subordinarse.

PRINCIPIO DE ESTILO

Cuanta mayor sea la habilidad del hablante para manejar su voz y su corporalidad, mayor atractivo tendrá el mensaje para el oyente.

PRINCIPIO DE IMAGINACIÓN

Mientras te escucha, el oyente hace creaciones mentales que puedes dirigir de modo intencional a dónde quieras.

PRINCIPIO DE ACEPTACIÓN

Cuando el oyente se siente aceptado y entendido por ti, se incrementan las posibilidades de que haga lo que quieres.

Lo que estás aprendiendo en este libro, trata principalmente sobre el Principio de Imaginación e incluye un poco del Principio de Estilo.

Estos principios surgieron gracias a la observación de mis ponencias a través de varios años. Resumí los elementos que estaban presentes cada vez que podía influir a una persona o a una audiencia. Con ello, conseguí mostrar cómo hacerlo a un grupo de entrenadores que desarrollé en un proyecto que tenía hace algunos años. Después de reducir mis observaciones a cinco principios, busqué cómo se amalgamaban a las diferentes situaciones donde una persona era influida. Lo anterior, partiendo de la idea de que influir es lograr que el oyente decida realizar lo que quieres sin aplicar coerción, sin forzar su voluntad. Mi intensión nunca ha sido aprovecharme de la gente, sino crear beneficios que ambas partes podamos disfrutar. Si una persona es influida, los cinco principios que acabas de leer estarán presentes de una u otra forma.

Si quieres profundizar más tu conocimiento de los cinco principios con todos los elementos que contienen, te recomiendo leer mi libro "La llave secreta para influir la mente de una persona". Después, te recomiendo leer "Persuasión Empática: 26 sencillas técnicas de persuasión que puedes usar con todos". En este segundo libro explico técnicas muy específicas y te doy ejemplos de su aplicación en tres áreas: relaciones de pareja y seducción, ventas y negociación, y dirección y liderazgo.

Si deseas incrementar tus habilidades dentro del Principio de Jerarquía, te recomiendo los libros "Neuroliderazgo Persuasivo: 22 trucos psicológicos para aumentar tu liderazgo" y "La cualidad única que te hace ser un líder: Si no la tienes, todas las demás habilidades no importarán".

El siguiente capítulo es la base de la hipnosis conversacional. Por ello, fue que tomé la decisión de incluirlo dentro de este libro.

Vas a aprender patrones de lenguaje hipnótico que te ayudarán a influir la mente de la gente con mayor asertividad cada vez que cuentas tus historias. Es un capítulo lleno de mucho valor. ¡Ya puedes comenzar a disfrutarlo mientras continúas aprendiendo!

PATRONES DE LENGUAJE HIPNÓTICO

"Y mi voz irá contigo"

-Milton Erickson

Dentro de la Programación Neurolingüística existe un modelo de lenguaje basado en la forma en que hablaba Milton Erickson, uno de los mejores hipnoterapeutas del siglo pasado. Este modelo de lenguaje, conocido como Modelo Milton, te ayuda a hacer instalaciones mentales en la gente. Te voy a dar los elementos que contiene para que, a la hora de contar tus historias, puedas aprovechar cada instante de la conversación para dar órdenes a la mente del oyente.

Ya antes comenté que tu mente realiza tres procesos de manera automática: generalización, omisión y distorsión. Estos tres procesos pueden servir para limitar o para potencializar. Si La Felipa dice "todos los hombres son iguales", podría limitar o potencializar, dependiendo de a qué se refiera con que son iguales. Si todos son igual de *borrachos*, limita. Si todos son igual de *fieles*, potencializa. Es evidente que no todos los hombres son fieles ni todos son borrachos; sin embargo, la atención de La Felipa se enfocará en buscar prueba de lo que ella cree. Cuando piensa que todos son borrachos, hay más posibilidades de que descarte aquellos hombres que no lo son. De igual manera, si cree que son fieles, es más probable que descarte aquellos que no lo son.

Los patrones de lenguaje que estás por aprender llevan la mente del oyente de lo específico a lo general, buscando que pueda ajustar su experiencia a lo que dices. De tal suerte que puedas potencializar sus creencias. Hay otro modelo de lenguaje que lleva al oyente de lo general a lo específico, se usa para romper creencias: su nombre es Metamodelo. De él hablaré en otro momento.

Usar de manera aislada uno de los patrones de lenguaje de Modelo Milton, podría no tener un gran efecto en la mente del oyente. Sin embargo, aprender a utilizar todo el conjunto de herramientas que estás aprendiendo en este libro, te convertirá en una persona atractiva y persuasiva de manera natural. Pasemos pues a aprender los patrones del Modelo Milton.

1. Cuantificadores universales

Se refiere a cuando usas una palabra que abarca todo un grupo o lo excluye. Algunas de ellas pueden ser: *todos, nunca, siempre, ninguno, todo el tiempo, etc.*

¿Cómo se usa?

Aprovecharás este patrón de lenguaje cuando **es conveniente trasmitir al oyente** que todo el grupo al que te refieres, tiene una cualidad positiva. Ejemplos:

- **Todos** los vecinos son agradables.
- **Siempre** encuentras cómo arreglar tus problemas.
- **Nunca** te das por vencido.
- **Ninguno** de ustedes es mala persona.
- **Todo** el tiempo tienes buena vibra.
- **Cada** vez que te veo estás más feliz.

En los enunciados anteriores, el uso de los cuantificadores universales está potencializando una idea. Ahora te daré algunos ejemplos de uso limitante que debes evitar:

- **Todos** los vecinos son molestos.
- **Siempre** te metes en problemas.
- **Nunca** logras nada.
- **Ninguno** de ustedes es buena persona.
- **Todo** el tiempo tienes mala vibra.
- **Cada** vez que te veo estás más triste.

¿Recuerdas que tu cerebro tiene que hacer creaciones mentales para darle sentido a lo que escuchas? Cuando dices que todos los vecinos son molestos, la mente del oyente tenderá a crear una serie de imágenes donde los vecinos son molestos (de modo automático e inconsciente). Si fuera el caso de que se tenga un recuerdo consciente de algún vecino agradable, podría cuestionarse la idea, pero si no existe dicho recuerdo, podría aceptarse la sugestión de que todos los vecinos son molestos.

2. Verbo ser

Cuando dices que eres algo, estás asumiendo que siempre lo eres o que nunca lo eres si dices que no lo eres. Cuando digo que **soy Ariel Ortuño**, nuestras mentes entienden que lo soy todo el tiempo, a todas horas, en todas partes, desde siempre y para siempre.

¿Cómo se usa?

El verbo ser forma parte de los cuantificadores universales y lo usarás de una forma similar. Lo separo para que tengas mayor consciencia de su uso. Cuando queremos utilizar este patrón de lenguaje para potencializar, diremos frases donde sea un beneficio que el oyente sea (siempre y en todo lugar) de cierta forma.

Ejemplos:

- **Eres** muy agradable.
- Tus trabajadores **son** productivos.
- Tus hijos **son** increíbles.
- Tu pareja **es** muy amable.
- **Eres** muy trabajador.

En cada uno de los ejemplos anteriores se asume que siempre y en cualquier lugar, la persona es así. Por ello, debes evitar enunciados en los siguientes casos:

- **Eres** muy torpe.
- Tus trabajadores **son** ineptos.
- Tus hijos **son** terribles.
- Tu pareja **es** muy hostil.
- **Eres** muy flojo.

3. Causa efecto

Es cuando decimos que una acción causa otra, donde la segunda es el recurso que quieres instalar. Algunas palabras clave de conexión serían: *crea, hace, causa, te lleva a, porque, etc.*

¿Cómo se usa?

Tomas una acción que es evidente que el oyente realizó, está realizando o realizará, y la pones como causa del recurso que quieres instalar en su mente. Ejemplos:

- Aprender persuasión **crea** *en ti el deseo de conocer más.*
- Leer **te hace** *más inteligente.*
- Practicar lo que aprendes **causa que** *quieras aprender más.*
- Conocer cómo funciona la mente **te lleva** *a querer profundizar en el tema.*
- *Estás sorprendido* **porque** se está abriendo un nuevo mundo para ti.

Si pones atención, ninguna de las acciones lleva necesariamente a la consecuencia que menciono, pero lo notas solamente si pones atención. La gente no suele poner atención a este tipo de detalles. Otro punto relevante es en la última oración. Cuando uso la palabra "porque", la acción que es la causa va después de dicha palabra y el efecto se enuncia antes. Lo menciono porque en los otros ejemplos el uso es al revés. Evita usar este patrón para instalar limitaciones como:

- Aprender persuasión **crea** *en ti el sentimiento de manipular.*
- Leer te **hace** *perder el tiempo.*
- Practicar lo que aprendes **causa** *pereza.*
- Conocer cómo funciona la mente **te lleva a** *tener miedo de quienes te hablan.*
- *Estás asustado* **porque** se está abriendo un nuevo mundo para ti.

4. Lectura de mente

Decimos algo con la certeza de que sabemos qué está pensando el oyente.

¿Cómo se usa?

Mencionas frases donde instalas un recurso e insinúas conocer lo que pasa en la mente del oyente. Sé que te ha parecido un poco confuso; por ello, te daré unos ejemplos y notarás que es más sencillo de lo que estás pensando. Ejemplos:

- **Ahora piensas** en todos los beneficios que hay cuando usas estas herramientas.
- Sé que **tienes la idea** de aprender más sobre persuasión.
- **Quieres descubrir** qué tan rápido tendrás resultados usando estas herramientas.
- **Tú quieres** seguir aprendiendo.
- **Deseas hablar** siempre con una intensión en mente.

En cualquiera de las oraciones anteriores podrías preguntar, ¿cómo Ariel conoce lo que pienso? Tal vez es porque no lo habías pensado hasta que lo leíste. Debido a la efectividad de esta herramienta, debes evitar frases que limiten, por ejemplo:

- **Ahora piensas** en todas las complicaciones que hay cuando usas estas herramientas.
- **Sé que no tienes la idea** de aprender más sobre persuasión.
- **Quieres descubrir** qué tanto tardarás en tener resultados usando estas herramientas.

- **Tú no querrías** seguir aprendiendo.
- **Deseas hablar** sin una intensión en mente.

5. Falta de fuente

Decimos algo con la certeza de que es una verdad absoluta, pero no decimos quién lo dice. Al terminar de leer este patrón, notarás la cantidad de gente que usa esta estructura lingüística sin darse cuenta de lo que hace.

¿Cómo se usa?

Es tan sencillo como crear frases del estilo de las que lees en las publicaciones de tus contactos en redes sociales y las incluyes dentro de la conversación. Ejemplos:

- Saber influir a las personas es fundamental.
- El éxito llega con la práctica.
- La luz también ilumina tu mente.
- Los momentos difíciles te hacen más fuerte.
- Cuando caes, siempre te levantas.

Para que las frases anteriores tuvieran la autoridad necesaria, deberíamos saber quién lo dice, pero se omite con la intensión de que el oyente lo asuma como verdad. Sucede con mayor frecuencia de lo que imaginas. La gente asume como verdad lo que escucha sin saber quién lo dijo. Por esta razón, evita frases que limiten, por ejemplo:

- Saber influir a las personas es del diablo.
- El éxito no llega con la práctica.
- La luz no puede iluminar tu mente.
- Los momentos difíciles te hacen sufrir.
- Cuando caes, siempre te lastimas.

6. Omisión comparativa

Decimos que hay algo mejor sin mencionar con qué lo estamos comparando.

¿Cómo se usa?

Exaltas las cualidades y características del oyente dentro de la conversación. Ejemplos:

- Cada día eres más inteligente.
- Siempre te ves mejor.
- Aprendes más rápido.
- Tus habilidades de persuasión son mejores.
- Has crecido profesionalmente.

En todos los enunciados anteriores podrías preguntar "¿en comparación con qué o con quién soy mejor?"; pero únicamente si fueras consiente o si fuera algo que te pudiera limitar. Algunas frases que debes evitar al usar este patrón son:

- Cada día eres más bruto.
- Siempre te ves peor.

- Aprendes muy lento.
- Tus habilidades de persuasión son peores.
- No has crecido profesionalmente.

7. Dar vida a algo

Hacemos alusión a que un objeto o situación está realizando algún tipo de acción por sí mismo que afecta al oyente.

¿Cómo se usa?

Utilizamos esta herramienta cuando quieres hacer creer al oyente que hay algo que lo lleva a experimentar una determinada situación. Ejemplo:

- Y ahora tu **corazón** sabe la respuesta.
- La **felicidad** llena tu cuerpo de alegría.
- La **intuición** te dice que estás en el lugar correcto.
- El **brillo** del sol te hace sentir la vida.
- El **trabajo** constante te lleva al éxito.

En los enunciados anteriores, no hay forma de que el sustantivo usado te lleve a cualquiera de las acciones. **Tu corazón** no puede saber ninguna respuesta porque es un órgano cuya función principal es bombear sangre a todo el cuerpo. Pero si tomamos la frase cómo una metáfora, entonces sí tiene sentido. Recuerda que las metáforas son el lenguaje de la mente inconsciente. Evita usar este patrón en frases como las siguientes:

- Me lleva el **carajo.**
- Este **problema** me está matando.
- La **contaminación** me cansa.
- La **tristeza** se apodera de mí.
- Mi **corazón** está roto.

8. Equivalencia compleja

Unimos algo que está sucediendo, que sucedió o que sabes que va a suceder, con algo que queremos que ocurra; asumiendo que, si sucede lo primero, entonces también sucede lo segundo.

¿Cómo se usa?

Usamos este patrón cuando queremos conectar dos ideas que no tienen relación, pero de las que podemos aprovechar lo que sabemos que ocurre. Ejemplo:

- Estás leyendo este libro, *eres muy inteligente.*
- Todos los días asistes a tu trabajo, *eres muy comprometido.*
- Saludas amablemente, *eres una buena persona.*
- Escuchas lo que digo, *tienes curiosidad.*
- Haces la comida en tu casa, *eres una gran persona.*

Nota que lo único que separa la frase de lo que ocurre con lo que quieres que suceda es una coma. Si usas una conjunción (y, o, porque, etc.) para unir las dos ideas, estarás usando una herramienta diferente. Te recomiendo no usar este patrón en frases como las siguientes:

- No responde rápido a tus mensajes, *no le importas.*
- Tu hijo saldrá sin suéter, *se enfermará.*
- Trabajas mucho, *nadie te valora ahí.*
- Miras a tu celular, *ya te aburrí.*
- Te está mirando mucho, *tiene problemas contigo.*

9. Orden encubierta descriptiva

Dices lo que quieres que ocurra como si describieras la realidad del oyente. Por lo mismo, debe ser en el singular de la segunda persona y en tiempo presente.

¿Cómo se usa?

Este patrón es usado cuando quieres dar órdenes al oyente y que este reciba el mensaje como si estuviera sucediendo en el momento. Se trata de dar a la mente del oyente elementos que pueda aceptar como un hecho que ocurre, pero del cual aún no era consiente.

Ahora quieres que te dé algunos ejemplos para que te quede más claro, ¿verdad?

La oración anterior describe la realidad en el singular de la segunda persona y en tiempo presente. ¿De verdad querías ejemplos en ese momento? ¿Eras consciente de ello? ¿O fuiste consciente hasta que leíste la oración? Bueno… mejor te doy tus ejemplos:

- Mientras lees estos ejemplos comprendes a qué me refiero.
- Sabes que en cada enunciado que lees tendrás mayor conocimiento de este patrón.
- Notas como, poco a poco, te va quedando más claro el uso de este patrón.
- Piensas que sería bueno tener también un ejemplo que no tenga que ver con este patrón.
- Ahora comprendes porqué es importante tener metas en el trabajo.

Los cuatro primeros ejemplos están diseñados para mostrarte claramente cómo funciona. Si tú no supieras de qué estamos hablando, no podrías negar las frases. El último enunciado es en una situación donde, después de explicarle por qué es importante que tenga metas en su puesto, le dices al oyente “ahora comprendes porqué es importante tener metas en el trabajo”. En caso de que no lo hubiera comprendido, ahora tiene la sensación de que tal vez sí lo hizo o la certeza de que es así.

10. Acompasamiento

Describes lo que el oyente puede percibir que está ocurriendo para crear credibilidad. Después das un elemento que no está sucediendo, pero que quieres que el oyente acepte que sí está pasando.

¿Cómo se usa?

Necesitas identificar tres situaciones que ocurren mientras estás con el oyente y después darle el elemento que deseas que experimente. En este momento:

- Estás leyendo estas palabras.
- Escuchas una voz en tu cabeza mientras lees.
- Tomas una respiración y
- Piensas en cómo puedes usar este patrón en tu vida diaria.

A menos que estuvieras leyendo en voz alta o alguien lea por ti, no podrías negar ninguna de las tres primeras oraciones. Para ti debe ser evidente que la cuarta oración no es algo que esté pasando; pero, si las tres primeras frases son ciertas, ¿por qué tendría que dudar tu mente de que la cuarta sea verdad? Puedes cuestionar la cuarta frase, pero debes esforzarte más en ello. Es complicado durante una conversación porque las palabras siguen llegando a tu mente.

Este patrón implica un poco más de preparación antes de usarlo. Por ello, te daré ejemplos de acuerdo con algún escenario en específico.

Al iniciar una junta:

- Los convoqué hoy para esta junta y
- Ya que estamos todos reunidos
- Mientras me escuchan
- *Tendrán mayor compromiso de lo que hacemos.*

En un café con la persona que te gusta:

- Mientras tomas tu café y
- Me escuchas
- Estamos aquí
- *Listos para pasar un momento increíble*

Con un compañero molesto en el trabajo:

- Ambos tenemos trabajo
- Estamos conversando ahora
- Estamos aquí
- *Así que es momento de que te vayas a tu lugar*

Tal como he mencionado en todo el libro, no siempre dará resultado lo que haces para influir a la gente. Recuerda que la repetición y usar todas las herramientas posibles aumentará las probabilidades de lograr en el oyente el efecto que deseas.

11. Nominalizaciones

Usamos palabras que son de proceso como si fueran sustantivos. La característica principal es que son intangibles; no se puede tocar, sentir, oler ni saborear: amor, compasión, pasión, conocimientos, aprendizaje, son algunos ejemplos. En programación neurolingüística se dice que, si no la puedes poner en una carretilla, es una nominalización: quedémonos con esa descripción.

¿Cómo se usa?

Como son palabras abstractas, el oyente tiene mayores posibilidades de asociarse al mensaje que estamos dando. Cuantas más nominalizaciones podamos introducir en una frase, más hipnótica será.

Para explicarte cómo se crea una nominalización, te recuerdo que un adjetivo es una palabra que nos dice las características del sustantivo. El sustantivo es la persona, animal o cosa de la que se habla en una oración. El verbo es la acción que realiza el sustantivo.

Artículo + Sustantivo+ Adjetivo + Verbo

El perro negro corre

El adjetivo *negro* es un color y es una palabra que nos dice de qué color es el sustantivo, en este caso, el perro. Si tomas el adjetivo *negro* y lo conviertes en sustantivo, la palabra que arroja podría ser: *negrura.* A partir de aquí, puedes construir un enunciado donde *negrura* sea el sustantivo.

LA *NEGRURA* ESPESA CRECE.

Este enunciado tiene las mismas características que el enunciado del perro. El truco, desde el punto de vista de hipnosis conversacional, es que la palabra *negrura* es algo abstracto, ¿qué es la negrura?, ¿cómo se ve?, ¿cómo se siente? El abanico de posibilidades es muy amplio.

Ahora tomaré el verbo del enunciado "El perro negro corre", y lo convertiré en sustantivo. Así, la palabra que resulta es: *corrida.*

LA *CORRIDA* EMOCIONANTE VIENE.

Sabemos que la *corrida* es emocionante y que viene, pero no hay claridad de qué es la *corrida.* Tienes una idea y puedes intuir que se relaciona con correr, pero **le das una interpretación de acuerdo con tu experiencia de vida.** ¿Qué pensaste cuando leíste "*corrida*"?

Así mismo, habrá otras nominalizaciones que no se derivan de ningún verbo o adjetivo, como son: amor, intuición, verdad, inspiración, etc. Ahora, lee con atención el siguiente párrafo.

La **inspiración** *llega a tu vida y sientes cómo la* **emoción** *recorre tu cuerpo porque puedes ver la* **riqueza** *de conocimientos que hay en esta* **enseñanza**. *Tu* **intuición** *te dice que la* **responsabilidad** *será mayor, ya que la* **persuasión** *puede cambiar la* **mentalidad** *de la gente a tu alrededor. Ahora la* **sabiduría** *será tu compañía en la* **travesía** *que acabas de iniciar para influir y dar* **inspiración** *a la gente.*

Nota que, a pesar de que el párrafo anterior tuvo sentido para ti, no dije nada en específico. Cada persona le dará un sentido personal. Lo interesante es que, a pesar de que mi lenguaje fue vago y ambiguo, de todos modos, tiene una intención que te lleva a ser responsable del modo en que persuadas a las personas y de los resultados de esta acción.

Por lo general, esta herramienta la uso para profundizar el trance de una audiencia y para que el oyente esté especialmente receptivo.

12. Presuposiciones

Decimos algo donde otra cosa debe ser cierta para que lo primero tenga sentido. Lo que queremos que sea cierto queda fuera de la atención del enunciado.

¿Cómo se usa?

Con esta herramienta buscamos que el oyente no sea consciente de que parte de lo que escucha lo asume como una verdad. Por ejemplo:

¿YA TE DISTE CUENTA DE TODO LO QUE HAS APRENDIDO EN ESTE LIBRO?

La pregunta lleva tu atención hacia la consciencia de lo que has aprendido en este libro; pero lo que quiero que asumas como verdad es que **has aprendido**. Si te preguntara: ¿Has aprendido algo en este libro?, te doy la oportunidad de evaluar si lo has hecho o no. Con la primera pregunta no tienes esa alternativa. ¿Notas el alcance?

Antes de que aprendas cómo usar esta herramienta, primero vas a comprender que tiene varias estructuras. Tal vez te sea más fácil la primera o tal vez alguna otra. Cuando la uses, quizá no seas consciente de la estructura que más se facilitó para ti. Todavía no es forzoso que sepas cuál estructura aprendiste más rápido porque, afortunadamente, no es necesario que sepas los detalles de todo. Así pues, empecemos.

Cláusulas subordinadas de tiempo

Son palabras que permiten organizar temporalmente lo que se desea que ocurra con aquello a lo que el oyente prestará atención. Las palabras que puedes usar son: *antes de, después de, durante, desde, mientras que, cuando, al mismo tiempo que, con anterioridad a, etc.* Ejemplo:

- **Antes de** *que sepas cómo usar esta herramienta, tal vez quieras terminar de leer este enunciado.* La atención va hacia tu deseo de terminar de leer el enunciado mientras que da por sentado que sabrás cómo usar esta herramienta.
- **Después de** *que pongas en práctica lo aprendido, ¿te gustaría enseñarlo también?* Acá tu atención va hacia tu deseo de enseñar o no lo que aprendes, mientras que asumes que vas a practicar lo que aprendes
- *Pienso que,* **mientras aprendes,** *te gustaría que fuera divertido, ¿verdad?* La atención va al deseo de que sea divertido o no, mientras que el oyente asume que aprenderá.

Números ordinales

Son palabras que te ayudan a establecer una secuencia entre lo que quieres que pase y aquello a lo que el oyente prestará atención. Las palabras que puedes usar son: *primero, siguiente, segundo, tercero, próximo, etc.* Ejemplo:

- *Te preguntarás cuál herramienta comenzarás a utilizar* **primero**. La atención se centra en cuál herramienta podría ser la primera mientras que se asume que utilizarás al menos dos herramientas.
- *Seguramente, ahora pensarás qué es lo* **siguiente** *tras aprender a influir con historias.* La atención se centra en qué podría ser lo siguiente, mientras se asume que ya hubo aprendizaje en cómo influir con historias.
- *¿Quieres saber qué es lo* **próximo** *para profundizar en el estudio de la persuasión?* La atención se centra en si se quiere o no saber qué es lo próximo, mientras se asume que se profundizará en el estudio de la persuasión.

Predicados de consciencia

Se trata de palabras que se usan para llevar la atención del oyente hacia la consciencia de lo que pasó, lo que está ocurriendo o lo que sucederá, pero asumiendo siempre como verdad lo que tú quieres. Las palabras que puedes usar son: saber, estar consciente, darse cuenta, notar, observar, etc.

- *Seguramente ya* **te diste cuenta** *de lo sencillo que es esta herramienta.* La atención se centra en si se tiene consciencia o no de que es sencillo, pero queda implícito que lo es.
- *No sé si* **ya sabes** *en qué situaciones vas a usar esta herramienta.* La atención se centra en si se tiene consciencia o no de que vas a usar esta herramienta, pero queda implícito que lo harás.
- *¿***Eres consciente** *de que, a través de los ejemplos, llegan a tu mente ideas de cómo usar esta herramienta?* La atención se centra en si se tiene consciencia o no de que llegan ideas a

tu mente sobre cómo usarás esta herramienta, pero queda implícito que lo hacen.

Adjetivos calificativos

Se pueden usar estas palabras para presuponer lo que deseas dentro de un enunciado. Recuerda que un adjetivo es una palabra que complementa a un sustantivo para describir las características o propiedades de este. Por su parte, un adjetivo calificativo se refiere exclusivamente a las cualidades: El perro *negro.*

Lo primero que debes hacer es definir qué quieres que el oyente asuma como verdad. En este caso será que esta herramienta es sencilla de entender.

Luego vas a tomar un verbo en participio pasado, que describa la condición en la que podría estar el oyente, derivada de lo que deseas que sea verdad. Si piensas que esta herramienta es sencilla de entender, podrías estar: *emocionado, sorprendido, ansioso, interesado, abierto, etc.*

Las palabras que podrías usar son verbos conjugados en participio pasado y pueden ser usados como adjetivos. Ejemplos:

- El niño *emocionado* corría hacía su madre.
- El joven *sorprendido* solo miró al cielo.
- El hombre *ansioso* salió de su habitación.
- La mujer *interesada* quería su dinero.
- La mente *abierta* permite que haya más entendimiento.

Ahora haré una pregunta que lleve tu atención a cada adjetivo y que al mismo tiempo dé por sentado que esta herramienta es sencilla de entender.

- ¿Estás *emocionado* porque esta herramienta es sencilla de entender?
- ¿Estás *ansioso* de que esta herramienta sea sencilla de entender?
- ¿Estás *interesado* porque esta herramienta es sencilla de entender?
- ¿Estás *abierto* debido a que esta herramienta es sencilla de entender?

En todas las preguntas tu respuesta será en función del adjetivo, sí o no. No obstante, asumes cómo verdad que *esta herramienta es sencilla de entender*. ¡Genial! ¿Verdad?

Verbos temporales

Usamos verbos que implican una acción a través del tiempo: *terminar, continuar y seguir*. Ejemplos:

- *Continúa aprendiendo persuasión*. Presupone que ya estabas aprendiendo. Tú podrías decir que no continuarás, pero sigue siendo cierto que lo hacías.
- *Al terminar de leer, notarás lo sencillo que es*. Presupone que estás leyendo. Tú podrías decir que no terminarás de leer, pero sigue siendo cierto que lo hacías.

Cuantas más presuposiciones puedas hacer, en las cuales el oyente asuma como verdad la misma acción, mayores serán las posibilidades de que tenga el efecto que deseas.

RESPONSABILIDAD Y PODER

"Tener el poder de lastimar a alguien no te da el derecho de hacerlo"

Querido Amante de la Persuasión, te felicito y te agradezco por haber llegado al final de mi libro. Deseo con todo mi corazón que puedas poner en práctica la mayor parte de la información para mejorar tu vida en varios sentidos. Es mi anhelo también, que todo lo leído te ayude a blindar tu mente de instalaciones negativas, que al escuchar una historia puedas ser consciente de hacia qué lugar está yendo tu mente y qué tipo de instalaciones podrían estar causando algún efecto.

Recuérdalo bien, **el mejor modo de evitar malas instalaciones mentales al escuchar historias es: no escuchar historias que te dejen malas instalaciones.** Tu mente hace creaciones mentales cada vez que oyes o lees una historia. Todo lo que sientes se quedará grabado en tu mente. Si bien, hay algunos ejercicios que te ayudan a minimizar ese sentimiento, no lo puedes evitar con las situaciones en las que te asocias. Terminarás enganchándote en algún momento.

En una ocasión vino a mí una joven de nombre Katya. Escuchó una de mis conferencias. Después se mantuvo cerca de mí a través de las redes sociales. Ella tenía pocos meses de haber iniciado sus labores profesionales en un área administrativa del Instituto Mexicano del Seguro Social. Me buscó porque el ambiente laboral en donde estaba era muy hostil.

Muchas personas que trabajan para instituciones del gobierno mexicano no tienen vocación, lo hacen para tener un sueldo fijo y un puesto seguro. Además, a través de los sindicatos, muchos se sienten respaldados para hacer lo que quieren. Tener en el mismo departamento a muchas personas sin vocación, odiando lo que hacen, asistiendo solo para recibir un pago, suele crear un ambiente laboral hostil.

Katya era una buena persona, con buenos sentimientos; pero el ambiente la hizo comenzar a protegerse. Su carácter se fue haciendo más duro para evitar ser abusada por sus compañeras. Las primeras semanas eso fue bueno, en cierta medida. El problema llegó cuando las nuevas acciones comenzaron a convertirse en hábitos. Luego, estos empezaron a manifestarse también en su casa y con sus amigos. Ella quería que yo la ayudara para reprogramar su mente y ser como era antes de entrar a trabajar ahí. Le dije a Katya:

—Te voy a ayudar para que ya no experimentes el sentimiento que tienes. Sin embargo, si quieres que el cambio se mantenga, necesitas buscar otro trabajo.

—¿Tanto así? —respondió ella.

—Sí. El ambiente en el que vives es un recipiente, y tu mente es agua que viertes dentro. El agua siempre toma la forma del recipiente. Cuando hacemos ejercicios de programación neurolingüística, es como si congelaras el agua, pero en el momento en que la regresas al recipiente, poco a poco, se va derritiendo y toma la forma del recipiente otra vez. —Luego añadí— Katya, el ambiente siempre gana.

En ese tiempo ella era soltera y vivía en la ciudad de Morelia, en Michoacán, México. A las pocas semanas dejó de trabajar donde estaba. Organizó su vida para mudarse a un ambiente que fuera favorable para sus planes. Terminó viviendo en Florida, California. A los pocos meses de llegar allá, encontró al hombre de su vida y se casó.

Lo primero que requieres hacer, mi querido Amante de la Persuasión, es crear el ambiente en el que quieres vivir. Si no lo puedes hacer a partir del que tienes ahora, necesitas cambiar dicho entorno. Cuando lo hagas notarás cómo tu vida cambia.

La parte medular de este capítulo es que tú formas parte del entorno de la gente que te rodea. Por tal motivo, cada historia que cuentes va a influir a las personas, para bien o para mal. Es tu responsabilidad tomar las herramientas que te he compartido para mejorar la vida de cada ser humano del que eres parte de su ambiente. De tal suerte que los ayudes a crear un mejor ambiente donde todos puedan progresar, mejorar sus pensamientos, experimentar mejores emociones y crear todo tipo de proyectos juntos.

Aquellas personas que usan las historias para obtener de la gente lo que quieren sin dar ningún beneficio, con el tiempo se quedan en soledad y con amistades falsas. El ambiente es una réplica de tu forma de pensar y tu forma de pensar es un reflejo de tu ambiente. Cuando cambias uno, el otro también se modifica, para bien o para mal. Las personas abusivas pueden entrar en un ambiente de gente buena y abusar de ellos. Ese tiempo será breve, porque los abusivos harán que su ambiente sea el mismo de siempre.

Es tu deber dar valor a todas las personas que puedas encontrar en tu vida. Y lo vas a hacer contando historias para inspirar a la gente, para cambiar sus creencias limitantes, para dar mensajes a su mente inconsciente sobre la grandeza que hay en ellas, para crear proyectos juntos. Recuerda, tal vez…

¡ESTÁS A UNA FRASE DE INSPIRAR AL MUNDO!

SOBRE EL AUTOR

"Estás a una frase de inspirar al mundo"

Mario Ariel Ramos Ortuño (Ariel Ortuño) nació el 25 de noviembre de 1980 en la ciudad de León, Guanajuato. Sus padres vivieron un par de años en esa ciudad y después se mudaron a la ciudad de Morelia, la cual fascinaba a su padre.

Desde niño mostró mucha curiosidad sobre cómo funcionaban las cosas. En una ocasión, desarmó una grabadora que su papá le había regalado, porque quería comprender por qué razón salía sonido de ella. Años más tarde, en la pubertad y gracias a la hipnosis, esa fascinación por comprender el cómo de las cosas se enfocó en el comportamiento humano.

Cuando tenía quince años asistió a un show de hipnosis de espectáculo. Fue hipnotizado y pasó al escenario para formar parte de la diversión. Al regresar a casa, no podía parar de pensar y analizar qué había pasado y por qué. Así, pidió a su papá que le permitiera asistir al evento los siguientes tres días que estaría en la ciudad. Su padre aceptó.

El último día, el joven Ariel tuvo la oportunidad de hablar con el hipnotista. Este le enseñó una técnica para hipnotizar a la gente. Si bien la técnica era un poco rudimentaria, tenía un efecto positivo.

Buscando entender la mente humana y el comportamiento, el joven comenzó a hacer inducciones hipnóticas a sus compañeros de la escuela de manera clandestina. Al inicio todo era diversión, pero poco a poco el tema fue escalando hasta que se encontró ayudando a sus compañeros con problemas más profundos.

Durante los siguientes 20 años, se ha dedicado a ahondar sus conocimientos de la mente y el comportamiento. Finalmente, se centró en el Liderazgo y la Persuasión. Después, decidió trasmitir su conocimiento y las conclusiones a las que había llegado escribiendo los libros:

-"La llave secreta para influir la mente de una persona (2018)".

-"Persuasión Empática: 26 sencillas técnicas de persuasión que puedes usar con todos (2019)".

-"Neuroliderazgo Persuasivo: 22 trucos psicológicos para aumentar tu liderazgo (2019)".

-"Cómo dominar tu mente para vender más (2019)".

-"Ya soy independiente, ¿y ahora cómo vendo? El libro secreto de las ventas para los emprendedores (2020)".

-"La cualidad única que te hace ser un líder (2020)".

-"Cómo influir a la gente contando historias: 8 técnicas brutales para entrar en la mente de las personas (2020)".

-"Aleja a las amistades tóxicas: 27 días para mejorar tus relaciones sociales (2020)".

-"Deja de postergar en 7 días: Una semana para tener las claves de la alta productividad y libertad de tiempo (2020)".

-"Aprende cómo hacer inducciones hipnóticas: La guía definitiva para hacer hipnosis y grabar audios (2020)".

La pasión de Ariel es ayudar a las personas para que sepan cómo funciona su mente y puedan vivir una vida con mayor paz interior y felicidad, que conozcan los procesos de su mente para que puedan alimentarla de las mejores experiencias.

Actualmente sigue dictando conferencias y es consultor de Liderazgo y Persuasión para directivos, empresarios y organizaciones. Dada su capacidad para escribir y publicar libros, también es **mentor de autores** y fundador de la agencia literaria Autores Implacables.

Ariel sabe que cambiamos la realidad mientras hablamos: la realidad de la gente que te escucha y tu propia realidad. Por eso siempre dice que, *¡estás a una frase de inspirar al mundo!*

AGENCIA LITERARIA
AUTORES IMPLACABLES

www.ingramcontent.com/pod-product-compliance
Lightning Source LLC
Chambersburg PA
CBHW021309240526
45463CB00018B/283

9798654444257